愛し合う
二人のための
結婚講座

――わが家の小さな食卓から

大嶋裕香
Yuka Oshima

いのちのことば社

Illustration　やまはなのりゆき

プロローグ　わが家の食卓で

　わが家の食卓はとても小さいのですが、多くの思い出が詰まっています。食事をするほかにも、子どもたちが宿題をしたり、パン教室の生徒さんがパンをこねたりしてきました。よく拭いているつもりでも、バターやら粉やらがじわじわとしみこんで、えも言われぬ味わいを醸《かも》し出しています。

　思えば、この食卓には多くの方たちをお招きしてきました。学生伝道（キリスト者学生会（ＫＧＫ））の働きをしている夫の職業柄、若い学生、卒業生たちを中心に、年にのべ百人以上の方々を迎えています。また十五組のカップルの結婚式の証《しょう》人《にん》もさせていただきました。彼らもまた、必ずわが家の食卓にお招きする方々です。

　そしてカップルの二人とともに、結婚前に少なくとも三回、結婚後に一回、結婚の学びを持つようにしてきました。

四人で食卓を囲み、一回の学びにつき、五つほどの質問を一緒に考えます。二人だけでは行き詰まってしまうテーマでも、四人で分かち合うと、思わぬ方向に話が開け、問題が解決されていくという経験をいく度ともなくしてきました。

この食卓でなされる結婚の学びは、新婚のカップルだけではなく、私たち夫婦にとっても、夫婦のあり方を見つめなおす良い機会となっています。実に、交わりの中で夫婦となっていく、一体となっていく恵みをひしひしと感じるのです。

全く違う人格と人格とが出会い、結婚し、夫婦となっていく歩みには、本人たちの努力のみならず周りの助けが必要です。拙著が、これから新しい家庭を形造っていく二人の助けとなることを願ってやみません。本書では、各章の学びの最後が質問形式になっていますので、折々の結婚の学びに用いていただければ幸いです。

また、私たち夫婦が全国各地の教会や教団、青年の集会、キャンプなどで行ってきた恋愛セミナー、結婚セミナーなどでよく質問されるテーマについても、Q&A形式で巻末にまとめました。

旧約聖書・創世記二章を読むとわかるように、アダムにもエバと出会う前に独身時代がありました。独身時代を神様の御前でどう過ごすか、ということもとても重要な課題だと思っています。将来の相手とまだ出会っていない、これから結婚のことを祈り始めたいという方々にも、今この時から結婚の備えが始まっていることを覚えていただきたいと願います。「結婚セミナーQ＆A」では、そのような結婚前の方々にも参考になるような事例も取り上げてみました。「結婚前にしておいて良かったこと」にも触れています。

このように、結婚前から学びは始まっていますし、結婚したら、学びはひとまず終わり、ではありません。結婚後も折々に結婚生活を点検していく学びの時が必要です。そして、結婚とは一生学び続けていくべきものだと思います。

ともに結婚のことを学び合うクリスチャンカップルの存在、とりわけ良きモデルとなるような夫婦との交わりが、結婚生活に大きな助けを与えてくれることでしょう。私たち夫婦も、そのような交わりの中で結婚の素晴らしさ、奥深さを教えていただいています。

家庭が壊れている時代の中で、愛し合い、いたわり合う夫婦の存在は、それだけでもとても貴重です。そしてそのような二人の姿は、宣教になるのです。「なぜあの夫婦はいつも仲良くしているのだろうか?」「なぜけんかしても仲直りできるのだろうか?」と不思議に思われることでしょう。

私たちが愛し合えるのは、三位一体の神様の愛を教えていただいたからなのです。神様の愛に根ざし、学び続けていく結婚生活は、なんと幸いでしょうか。

私たち夫婦が婚約時代からともに分かち合ってきたみことばを引用し、プロローグの結びとしたいと思います。

「いまだかつて、だれも神を見た者はありません。もし私たちが互いに愛し合うなら、神は私たちのうちにおられ、神の愛が私たちのうちに全うされるのです」

(ヨハネの手紙第一 4章12節)

愛し合う
二人のための
結婚講座

——わが家の小さな食卓から

結婚後に話したい9つのこと

結婚セミナーQ&A

結婚前に
話しておきたい
9つのこと

1 愛されことば、悲しみことば

一回目の学びでは、「愛されことば、悲しみことば」について分かち合います。

「あなたが相手から受けた『愛されことば』は何ですか？」

「あなたが相手から受けた『悲しみことば』は何ですか？」

「愛されことば」とは、相手に言われると愛を感じることばや行動、「悲しみことば」はその反対で、相手に言われて悲しみを感じることばや行動のことです。

お二人がお付き合いを始めてから、または婚約期間に入ってから過ごしてきた今までの時間を、じっと思い起こしてもらいます。

さらに、「自分が相手に与えた（と思う）『愛されことば』は何ですか？」

「自分が相手に与えた（と思う）『悲しみことば』は何ですか？」

この四つの質問を書き込んでいる間、お互いのノートを見ることは禁止です。

その後、順番に分かち合いながら、考えたことを照らし合わせます。すると、「えっ、そんなことが『愛されことば』だったの！」と驚きがあったり、「やっぱり僕があの時、ああしたことは『悲しみことば』だったんだね」と、頷《うなず》き合うことも起こります。この時のルールは、「そんなつもりで言ったんじゃないのに！」と言わないことです。なぜなら、「悲しみ」として相手に届いた時点で、それは相手にとって確かに起こった出来事だからです。

特に男性は、自分の「悲しみことば」を話すことが得意ではありません。「こんなことで悲しいと思う小さな男なのか」と、相手に思われるリスクと戦うからです。「そうだったんだね……」と受け止めてもらえる安心した交わりを、結婚前につくることが大切なのです。

さらにこの学びの狙いは、相手の愛されポイントと悲しみポイントをよく知って、相手に伝わることばを知ることです。そもそも別の人格と結婚するのですから、お互いの愛の言語（ことば）もずいぶん違います。

たとえば、私は小さな花柄が大好きです。しかし、「裕香は花柄が好きだから」

と、夫が自分の大好きなアロハシャツをプレゼントしてくれたとしても、私はそっとタンスの奥深くにしまうでしょう。アロハシャツは私の愛されポイントから外れているからです。愛は、届かないと愛ではありません。

＊

ある結婚セミナーで、「愛されことば、悲しみことば」を参加者で分かち合った時のこと。年配のご夫妻がこのように言われました。

「僕の『愛されことば』は、仕事を終えて家に帰って来た時に、外灯《がいとう》がついていることです。『お疲れ様』という妻の気持ちが伝わってくるんです。今まで言ってなかったけど……」。少し恥ずかしそうに言うご主人のことばを聞き、奥様は「えっ、そんなことなの？」と驚いたあと、ぱっと顔が明るくなってうれしそうな顔をされました。心あたたまる素敵な光景でした。

私たち夫婦も先輩のアドバイスを参考にして、結婚して一年間は毎晩、「今日の愛されことばと悲しみことば」を三つずつ分かち合いました。

毎日となると、非常に些細《ささい》なことも伝えないといけません。

「今日は笑顔で元気に『おはよう』って言ってくれて、うれしかったなあ」とか、「お茶をどんっと、乱暴に置かれて悲しかった」などなど。

また、この「愛されことば、悲しみことば」は日々変化するのです。

今もわが家の食卓に多くの方が来てくださることで、私たち夫婦もお互いに自分の気持ちをことばにすることができていると思います。こうして少しずつ、少しずつ夫の愛されことば、悲しみことばの単語帳は増えていきました。夫もきっと、私の愛されことば、悲しみことばの単語帳を、胸にしまってくれていると思います。

・あなたが相手から受けた「愛されことば」は何ですか。
・あなたが相手から受けた「悲しみことば」は何ですか。
・自分が相手に与えた（と思う）「愛されことば」は何ですか。
・自分が相手に与えた（と思う）「悲しみことば」は何ですか。

☆日々、お互いに「愛されことばと悲しみことば」を分かち合いましょう。

2 家族の思い出を振り返る

わが家の食卓で結婚前のカップルとしている学びの二回目。テーマは「家族」についてです。

「家族のあたたかい思い出、悲しい思い出は何ですか？」「家族が大切にしてきたことは何ですか？」という質問について三つずつ書き出し、分かち合います。

生まれ育ってきた家族の影響はとても大きいものです。各家庭の文化を背負った二人が結婚し、新しい家族を形成していく時に、バックグラウンドの違いに驚かされることが多々あります。

私たち夫婦は、夫が京都出身、私は東京出身です。ことばも味も文化も違います。自分が当たり前だと思ってきた習慣が夫にとっては当たり前ではない、と知った時

の驚き！　特に結婚当初はカルチャーショックの連続でした。

お互いの違いを知ること、相手の家族を知ることはとても大切です。家族が大切にしてきたことを共有することで、これから、どんな家庭を形成していきたいのかを話し合うことができます。

というのも、結婚前に家族のあたたかい思い出を振り返ることで、こういう点は採り入れていきたいと気づかされたりするからです。逆に悲しい思い出を振り返ることで、こういう点は避けたい、気をつけようと思わされたりします。

＊

今まで十五組の夫婦との結婚の学びや、各地での結婚セミナーを行ってきて、「家族のあたたかい思い出」としていちばん多かったのは、「家族旅行」でした。豪華な旅行でなくとも、家族と過ごした思い出はしっかりと心に刻まれているのです。また、家族とともに過ごした時間が「あたたかい思い出」として残っているようです。父親としたキャッチボール、母親と作った料理の光景など、皆さん具体的に話してくれます。

一方、「悲しい思い出」として多かったのは、「不和《ふわ》、けんか」でした。両親の夫婦げんか、嫁姑関係、親族との不和などです。親との関係や兄弟との関係にずっと苦しんできた、という方も少なくありません。もちろん、さしつかえない範囲で話してもらいますし、あまりに思い出すのにつらい出来事を無理に話してもらうことはありません。しかし、相手が受けてきた悲しみを知り、受け止め、寄り添おうとするカップルの姿に、私たち夫婦は多くのことを教えられてきました。まさに「喜ぶ者といっしょに喜び、泣く者といっしょに泣きなさい」（ローマ人への手紙12章15節）という聖書のことばを思わされるのです。

この結婚の学びでは、私たち夫婦も質問に答え、分かち合います。

夫の「家族のあたたかい思い出」の一つは、「父親とのプロレスごっこ」です。「日曜日の朝には必ず親父の布団に飛び込んで、プロレスごっこしたんだよなあ」と、目を細めて話します。そういえば、夫は息子とよくレスリングや相撲《すもう》ごっこをしているわけです！　また、家族旅行のようすも鮮明《せんめい》に話してくれます。「教師一家だったから、行き先は登呂遺跡《とろいせき》とか万博《ばんぱく》（科学万博つくば'85）とか、社会科見学みたいな旅行だったなぁ」「すっごい古い旅館だったんだよね」と話しながらも、うれしそうです。私たち夫婦は、「子どもたちに財産は残せないけど、家族旅行の思い出や人との出会いを財産として残してあげたいね」と、学びを通してよく話すようになりました。

私の「家族のあたたかい思い出」といえば、家族みんなで行ったスキー旅行や教会のキャンプ、母と夜中に熱いお茶を飲んだことなどです。些細《ささい》なことでも、家族と過ごした時間は今でもくっきりと思い出されます。

一方、「悲しい思い出」についても、夫婦で話し合ってきました。お互い話すのに十年以上かかった出来事もありましたが、助け手として寄り添い、相手のために祈ることを教えられてきました（この「助け手として悲しみに寄り添うこと」については、後にとりあげたいと思います）。

最後に、「家族が大切にしてきたことは何ですか？」という質問について。

この答えは、皆さん千差万別です。夫の実家では、「挨拶《あいさつ》をする」「祖父母を大切にする」「誕生日などのイベントは家族で過ごす」だったそうです。私の実家では、

「食事、健康、栄養」「読書」「祈り合うこと」だったように思います。

私の家族はおいしいものに目がなく、特に麺《めん》類が大好き。夕食後なのに、ダイニングで家族で話し込んでいると、母がそうめんやうどんを茹《ゆ》で始めて、夜食に食べるという謎の習慣がありました。「太っちゃう！」と言いながら、家族で麺をすする……ああ、これもあたたかい思い出の一つなのでした。

・家族のあたたかい思い出（三つ）は何ですか。
・家族の悲しい思い出（三つ）は何ですか。
・家族が大切にしてきたこと（三つ）は何ですか。
☆「家族の思い出」から採り入れたいこと、気を付けたいことを話し合いましょう。

3 教会は第二の実家！

わが家の食卓で、結婚前のカップルとしている学びの三回目。

「教会生活で共有しておきたいこと」を三つずつ書き出し、分かち合います。

教会を超えた交わりの中で出会ったカップルの多くは、当然、結婚後はどちらかがそれまでの所属教会と違うところへ移ることになります。そして、そのことがいくつかの軋轢《あつれき》・誤解を生み出すのを見てきました。

「新しい教会のこと、聞いてください！　こんなことがあったんです。祈ってくれますか」と、わが家に相談に来る方々は結構多いのです。

「あなたがたは……神の家族なのです」（エペソ人への手紙2章19節）と言われるように、出身教会はその人にとって第二の実家といえるほど大切なものだと思います。

「家族の思い出を振り返る」ことについて触れましたが、第二の実家、第二の家族といえる教会についても、結婚前に分かち合っておくと、結婚後二人でスタートする教会生活がよりスムーズになることでしょう。

たとえ同じ教会の相手でも、教会生活は信仰の大事な一部分ですから、分かち合いは有益《ゆうえき》です。「この人は教会の奉仕をとても大切にしているんだなあ」「献金《けんきん》を第一に取り分けて、おささげする信仰が素敵」など、教会に対する相手の姿勢を知ることで、お互いの尊敬と信頼を得る声を多くのカップルから聞くことができました。

そして、二人の出身教会・教団が違う場合は、女性側が男性側の教会に移ることが多いと思います。女性は結婚すると、ほとんどの方が名字が変わり、生活環境が変わり、教会も変わります。もちろん、愛する人と同じ名字になるのはうれしいのですが、私もやはり最初は慣れませんでした。それまで「裕香《ゆか》さん」と名前で呼ばれることも多かったので、銀行や病院で呼ばれてもすぐ気づけるように、「私は大嶋、私は大嶋……」とつぶやいていたものでした。結婚後の変化の大きさ、そのストレスを伴侶《はんりょ》が知っていてくれ、ねぎらってくれると、より愛が増すものです。

＊

私たち夫婦も出身教会が違います。夫は関西の福音自由教会、私は関東の単立教会出身。結婚一年目は、夫の奉仕先の教会に出席。そこは約四百名の大規模な教会で、第一礼拝、第二礼拝、夕拝と集う方々の顔ぶれもがらりと変わります。

結婚後、初めての礼拝のあと、夫はいつもどおり学生たちに声をかけ始め、私は一人ぽつん。「結婚おめでとう!」と言ってくださる方に笑顔で返すのですが、どなたがどなたなのかさっぱりわからず、頭の中が「?・?・?」でいっぱいに。

帰ってから夫に言いました。

「今日はとても悲しかった。来週はあなたとずっと一緒にいるから、その方があなたとどういう関係の人で、一緒にこんな奉仕をしているとか、私たちとの関係性を一回一回説明してもらえる?」と。

「ああ、ごめんごめん。自分はこの教会で三年目だけど、裕香は初めてなのにね。ごめんね」。こうして、丁寧に人間関係を説明してくれた夫のおかげで、翌週から私は教会の交わりに飛び込むことができました。

約一年半その教会で過ごし、夫の神学校入学後一、二年は福音自由教会、三年目には基督兄弟団の教会で奉仕。夏季伝道では改革派の三教会で奉仕。神学校卒業後には、北陸の日本同盟基督教団の教会で約四年過ごし、転勤して今の関東の福音自由教会に集うようになって七年目です。

どれだけいくつもの教会生活を経験したとしても、最初は、どの教会でもとまどいます。しかし、どこの教会も、離れる時は身を切られるようにつらいものです。やはり神の家族となるからでしょう。

そして今、私たち夫婦が実感しているのは、「教会に居場所ができるのには三年かかる」ということです。ですから、いろいろな方の相談に乗る時も、「最初は慣れなくても、三年待ってみてね」と話すようにしています。

「男性は特に、相手が今までと違う教会に行く決心をしてくれたことをよーくねぎらうことが大切。教会を移ることは、何でもないことじゃないから」と、夫も経験上、力強く分かち合っています。

また、こんなこともありました。

夏季の一か月だけ夫が奉仕していた教会でのこと。当時、私は一人目の子どもを妊娠中。大きなおなかでお茶を運んでいて、床にこぼしてしまいました。すると、「そういう時は動かなくていいのよ。ここは実家だと思ってゆっくりしてね」と一人の婦人が言ってくださいました。涙が出るほどうれしかったです。

私もそんな声かけができる人になりたいと思うとともに、私たち家族にはたましいの実家がたくさんあって、なんて贅沢《ぜいたく》なんだろうと思わされています。

・相手の教会に行って、感じた違いは何かありますか。
・結婚後は、どちらの教会に行きますか。
・教会生活について、共有しておきたいこと（三つ）は何ですか。
☆所属教会を変えてくれた相手をねぎらいましょう。
☆教会に慣れるまで三年待ってみましょう。

4 仕事のことを分かち合う

結婚前のカップルとしている学びの三回目では、お互いの仕事についても話し合い、理解してほしいことや伝えたいことを三つ書き出し、分かち合います。

たとえば、「自分の仕事は出張が多い」「全国転勤の可能性がある」「月末が忙しい」などの情報と、「だから、こうしてくれると助かる」「このことを理解してもらうとうれしい」という気持ちまで分かち合うと、相手に伝わるようです。

「ごめんなさい」や「ありがとう」。そのたった一言さえあれば、けんかにならなかったのに、ということがあると思います。

＊

私たち夫婦も結婚間もない頃、忘れられない経験をしました。

夫が帰宅した時のこと。私は夕食を温めなおそうとしました。あつあつの料理が大好きなことを知っているので、食卓に着くベストタイミングで料理を出そうと、はりきって用意しました。しかし、料理はできたのに、夫はいつまでたっても食卓《しょくたく》に来ません！　だんだんいらいらしてきて、部屋にようすを見に行くと、仕事の電話をしていました。それも三件も！　一時間近くも！　せっかくの料理も冷めてしまうし、悲しくて涙が出てきました。

電話の後、ソファでさめざめと泣いている私に気づき、ぎょっとした夫。

「どうしたの？」

「あなたがたった一言、『仕事の電話をするね』と言ってくれたら、それでよかったのよ。その一言があったら、待てるのよ～！」

この話をある先輩夫婦にしたら、ご主人が笑いながらこんな話をしてくれました。

「僕は仕事を終えて帰宅する時、インターバルを置くんです。仕事脳のまま家に帰ると、妻や子どもたちに向き合えない。だから、駅前のカフェに寄って、切り替えてから帰宅することもあるんですよ」

「ほぉ〜、そこまでしますか！」と夫婦で感心しきり。夫いわく、このアドバイスは大変参考になったそうです。それからは、帰宅後に仕事がある時は必ず私に伝え、「仕事が区切れるタイミングで食事をするからね」と言うようになりました。

また、先のご主人は自宅の書斎《しょさい》で仕事をすることも多いそうですが、奥様は早く二人で過ごしたくて、柱の陰《かげ》からじっとようすを窺《うかが》って、ご主人を待っていることがあるそうです。想像するとほほえましいのですが、仕事中に待たれるとプレッシャーとのこと。ご主人が家にいても、書斎にいる時は声をかけないようにするなど、二人で話し合ったと言われました。

＊

それからというもの、わが家でも定期的に「事務連絡会」なるものを開き、お互いの手帳をつき合わせて、仕事のスケジュールを確認する時を持っています。

私は、結婚後も在宅で編集や校正《こうせい》の仕事を続けてきましたし、パン教室を開いたり、事務の仕事もしています。私の場合は大きな仕事を抱えたり、仕事の締め切り前になったりすると、余裕《よゆう》がなくなって、きりきりしてきます。そんな時、家事や育児を積極的にしてくれる夫の存在にずっと支えられてきました。

恥ずかしながら、私は本当に締め切りに弱く、ストレスがかかって悪夢を見てしまうほどなのです。以前、怖い夢を見て、「ウォー、ウォー、ウォ、ウォー」とうなっていた翌朝、「お母さんは夢の中で六甲おろしを歌っていたよ。さすが、阪神ファンだなあ」と、夫は子どもたちとげらげら笑っていました。何でも笑いに変えてくれる夫に、どんなに助けられていることでしょうか。

また最近は、結婚セミナーやファミリーキャンプの講師など、夫婦で奉仕する機会も増えてきました。準備のために打ち合わせをする時から、夫婦でじっくり話し合うことができて感謝しています。

仕事をする喜び、苦しみ、どちらもありますが、どんな時も伴侶《はんりょ》が味方でいてくれること、理解を示してくれることは大きな力です。

最初に取り上げた「愛されことば」においても、男性は特に「自分の仕事を評価してくれること」をあげる方が多いようです。また、女性では「家事をねぎらってくれるとうれしい」という声をよく聞きます。たとえ外で働いていなくても、女性の家事、育児も大変な労働だと思います。

お互いの仕事をねぎらい、感謝のことばをかけ合うことの大切さを思わされます。

「いつもありがとう」「お疲れさま」のたった一言によって、立ち上がれる日があるのです。

・仕事について理解してほしいことや伝えたいこと（三つ）は何ですか。
☆相手をねぎらい、感謝のことばをかけ合いましょう。

5　お金のことを話し合う

学びの三回目では、経済的なことについても話し合います。ここで取り上げる「教会生活」「仕事」「お金」は、結婚後にもめがちな三大テーマといえるでしょう。結婚前に第三者がいる場所で冷静に話し合っておくことが助けになるようです。

初めに「結婚後に買い物をする時、相手に断らずにいくらまで使いますか？」と質問します。あるカップルは男性が「二万円！」、女性が「三千円！」と同時に発言。お互い顔を見合わせていました。

男性は趣味のものにお金をかけたいという人が多いようです。本やCD、服、車、インテリアなどなど。ある男性はキッチン用品にお金をかけたいと力説《りきせつ》。なるほど、

料理好きな彼の手土産は、お手製《てせい》のチーズや鶏肉の薫製《くんせい》。絶品でした。これまた料理好きの夫と、調味料の話などで意気投合していました。

女性は服やバッグ、アクセサリー、化粧品、雑貨などにお金を使うという声が多いです。ある女性が具体的に話してくれました。

「お店ですてきなコートに出会ったら、三万円くらいまでなら相手に聞かずに買っちゃうなあ。その時を逃したら、売れちゃうかもしれないんですよ」

すかさず、夫が一言。

「裕香が新しい服を着ていたから、『その服買ったの？』って聞くと、決まって『う、うん。安かったから』って言うんだよね。値段は聞いてないのにね」

このように、自分と相手のお金の使いどころ、金銭感覚を正直に話し合います。

続いて「お金について大事にしていること」を三つ書き出し、分かち合います。皆さん、「第一に献金！」と答えてくださるので、一安心。

また、「今後どちらがお金を管理するか」についても話し合います。これについては、得意なほうがすればいいと思うのです。男性がお金を管理し、生活費を女性に渡してうまくいっているという家庭の話もよく聞きます。わが家では、私が家計を管理し、夫にはお小遣《こづか》いを渡しています。

＊

私たち夫婦が「お金について大事にしていること」は、第一に「献金」です。毎月第一日曜日に十分の一献金をささげることを心がけています。子どもたちにも幼い頃から、お小遣いやお年玉をもらったら、十分の一を献金するように話してきました。感謝献金や各団体への献金も、喜んでささげる家族になりたいと思います。

第二に「学生や卒業生、お客様をおもてなしすることにお金を惜しまないこと」です。イエス様は人々と食卓をともにされました。温かな食卓の交わりは、心を開きます。わが家の小さな食卓で、お客様とともにしてきた食事や家庭礼拝の恵みは、私たち家族の財産です。

第三に「体験にお金を使うこと」です。家族で旅行し、美術館や博物館で本物を味わい、スポーツ観戦《かんせん》を楽しみます。「家族のあたたかい思い出や人との出会いを財産として子どもたちに残したいね」と夫婦で話し合っています。

これからわが家は、教育費にお金がかかる時期を迎えます。心配は尽きませんが、今までの歩みを振り返り、神様に信頼することを思わされています。

私たち夫婦は、結婚後に夫が神学校に入学。入学した年に長女が、卒業する年に長男が生まれました。今まで多くの方々のお祈りとささげものに支えられてきました。何より神様が、必要のすべてをお与えくださいました。

神学校の家族寮《かぞくりょう》で生活していた時のこと。

米びつのお米がなくなり、「あ、お米がもうない！　買いに行かなくちゃ」と思ったその時、玄関のチャイムが鳴りました。宅急便が届いたのです。荷物の中身はお米。この時ほど驚いたことはありません。また、ある用件で急遽《きゆうきよ》遠方への交通費が必要になった時、ある方から封筒《ふうとう》を渡されました。「大嶋家にささげるように神様から示されて」と。必要な交通費ぴったりの金額が入っていました。

「結婚資金がないんですよね……」と躊躇《ちゆうちよ》しているカップルには、「私たちも結婚した時、笑ってしまうほどお金がなかったのよ。でも、神様を第一としていけば、すべての必要が与えられるから大丈夫」と話します。

「私たちの願うところ、思うところのすべてを越えて豊かに施《ほどこ》すことのできる方」（エペソ人への手紙3章20節）の真実を、結婚生活の中で大いに体験していけるのです。

・結婚後の買い物で、いくらまでなら相手に断らずに使いますか。
・お金の使い方について、大事にしていること（三つ）は何ですか。
・結婚後は、どちらがお金を管理しますか。
☆神さまを第一にするなら、必要のすべては与えられます。

6 実家の事を語り合う

わが家での結婚前後の学びでは、二回目で取り上げた、「家族のあたたかい思い出、悲しい思い出は何ですか？」「家族が大切にしてきたことは何ですか？」という質問のほかに、家族や親戚の文化を紹介し合うことも大切にしています。

結婚前の家族の顔合わせや結婚式の準備においても、実家とのかかわりで問題が噴出することがあるからです。結婚後は、より具体的な問題が出てくることでしょう。お互いの生まれ育った家庭の文化は全く違います。家族について、わかりやすいことばで伴侶に通訳《つうやく》する必要があるのです。

結婚前の学びでわが家にいらしたあるカップルは、結婚式の引き出物や招待客の件で、新郎側の実家と二人の意見が食い違い、頭を悩ませていました。新婦の気持ちを守りながら、新郎が実家とも丁寧《ていねい》に話し合うようにアドバイスしたところ、うまく話がまとまったようです。

「これからも、お互いの実家との間でいろいろな意見の食い違いがあるかもしれない。でも、彼が私の気持ちをよく聞いてくれて、じっくり話を進めてくれたことがとてもうれしかったです。尊敬と信頼が増しました」と新婦も笑顔に。良き通訳者となった新郎も、ほっとしたようすでした。

＊

私たち夫婦の実家の文化も驚くほど違います。夫の実家は絆《きずな》が強く、家族の誕生日などのイベントは大いにみんなで盛り上げます。一方、私の実家は個人主義で、自由に過ごすタイプ。

家族の会話の仕方も正反対。夫の実家では一つのテーマについてじっくり話し合い、会話を深めていくスタイルですが、私の実家は会話がポンポン飛び交うスタイルです。夫も最初は相当《そうとう》とまどったと言います。私の父に話しかけられ、その話をじっと聞いていると、母や妹からも同時に話しかけられる。そして目の前では私と弟が別のテーマで話している……。一体誰の話を聞けばいいのか、かなり頭を悩ませたそうです。

「うちの会話のスタイルは、いろんなところで会話が交錯《こうさく》するんだけど、成り立っているのよね。そんなに悩まなくても大丈夫」と私が通訳したところ、やっと安心したようです。じっくり話を聞こうとする夫は人気が高く、家族みんなが話しかけるので、ますます混乱してくるのかもしれませんが……。

さて、お互いの実家の違いで一番驚いたのは、お正月の過ごし方かもしれません。私の埼玉の実家では、お正月はわりとのんびり過ごしていました。しかし、夫の京都の実家では年末に自宅で餅《もち》つきをし、おせち料理を何段も作り、親戚を何組も迎えてにぎやかに過ごします。まさに「THE日本のお正月」。

特筆《とくひつ》すべきは、元旦の「大嶋家朝の会」です。元旦礼拝に出かける前に、奥座敷《おくざしき》に家族全員が集います。お雑煮《ぞうに》とおせち料理を食べた後、一人ずつ昨年の反省と今年の抱負《ほうふ》を発表するのです。

新婚当初、この「朝の会」にはとても緊張したものでした。夫の父は家族全員の去年の反省と今年の抱負をすべて書き留めていますし、母も早朝から着物で臨みます。当時は夫の姉妹も実家にいたのですが、皆話がとても上手なのです。それもそのはず、夫の両親と姉は教師、妹は保育士、そして夫は伝道者……。皆が立て板に水のごとく反省と抱負を発表する姿は目にもまぶしく、私は一人しどろもどろ。

しかし今では、この「朝の会」なくしては一年が始まらないと思えるほど、私にとっても大事な家族の行事となっているのです。

また関東出身の私には夫の実家のお雑煮はとても新鮮でした。鶏肉、家でついた丸餅、夫の父が丹精こめて作った人参《にんじん》、大根《だいこん》が具で、白味噌《しろみそ》仕立てのお雑煮のまろやかでおいしいこと！　たたきごぼうや、にしんを入れた年越しそばなど、結婚してから出合った夫の実家の味は、わが家の定番になりました。

初めはそれぞれの実家の違いばかりが目につき、とまどうばかりかもしれません。しかし、お互いの実家の良い文化を持ち寄り合って、新しい家族をつくっていける恵みがあるのです。違いを裁《さば》くのではなく、違いを理解し、受け入れていく時、違いが豊かさになっていく。

お互いの実家のことばを丁寧に通訳しながら、「父母《ちちはは》を離れ、妻と結び合い、ふたりは一体となる」（創世記2章24節）、そして新しい家族をつくっていくという歩みをしていきたいものです。

・お互いの実家や家族の文化にはどんなものがありますか。
・相手の実家のことで、とまどっていることはありませんか。
☆お互いの実家の文化やスタイルを丁寧に通訳し合いましょう。
☆文化の違いをお互いに持ち寄って、新しい家族をつくる恵みがあるのです。

7 あなたの自由な姿とは?

わが家の食卓で結婚前のカップルとしている学びで必ずする質問があります。

「あなたの自由な姿は何ですか?」

「相手の自由な姿は何でしょうか?」

私はこの答えをとても楽しみにしています。ある意味で、私たちがしている結婚の学びのクライマックスと言ってもいい質問だと思います。

実は、この質問にすぐに答えられる人はまれです。皆さん「うーん」とうなったり、目を閉じて黙想したり。

ですから、「あなたの本来の姿は?　あなたが一番あなたらしくいられることは?」「天国に行ってからしていることは何だと思いますか?」と別の角度からも質問します。すると、「ああ、わかりました」と答えが出ることが多いのです。

男性の答えの中で面白かったのは、「計画を立てる」というものでした。「ぼくの自由な姿は物事の計画を立てることですね。それが実行されなくてもいいのです。計画を立てている時に喜びを感じます」と言って、結婚式のスケジュールを分刻みに記した紙を見せてくれました。「確かに！」とその場にいた全員が納得しました。

女性では、「笑う」「泣く」「歌う、賛美する」「誰かとともにいること」といった答えがありました。

いつもにこにこして笑顔が印象的な女性が、「私の自由な姿は泣くことです」と言われました。その答えが意外だったので、「笑うことではないの？」と聞くと、「いつも笑っているねって言われるのですが、それは作った自分です。幼い頃から誰かに合わせて無理して笑っています。私が本当に自由になれるのは、泣く時なんです」との答え。相手の方も「そうそう」とうなずいておられました。表面的には決してわからない人格に触れたひと時でした。

＊

私たち夫婦がこの質問をするようになったのは、数年前に参加した結婚セミナーがきっかけです。講師は唄野《ばいの》隆先生、絢子先生ご夫妻。お二人がハンス・ビュルキ先生、アゴ先生ご夫妻の夫婦セミナーに参加なさった時に一つの質問を受けたそうです。それは、「結婚した夫婦にとって一番大事なものは何ですか？」。

参加者は「愛」や「信頼」と答えましたが、「ノー」と言われ、「一番大事なものは自由です」との答えだったそうです。

「夫婦の間で、一番大切なのは自由」

そのことばを聞いて、思わずうなってしまいました。確かに人間の愛や信頼は不完全で、相手を束縛《そくばく》することもあります。「主の御霊のあるところには自由があります」（コリント人への手紙第二3章17節）、「真理はあなたがたを自由にします」（ヨハネの福音書8章32節）という聖書のことばを思い出しました。本当の夫婦関係とは自分が自由であること、相手を自由にすること。――なんて深い世界なのでしょう！

その後、唄野先生ご夫妻の結婚セミナーの中で、お互いの自由な姿を考える時が与えられました。

私たち夫婦も考えてみました。まず自分のことを考えると、「私の自由な姿は祈ることだ」とすぐに答えが浮かびました。

「一人で祈ること、誰かとともに祈ること、それが最上の喜びだ」と。

次に夫のことを考えると、真っ先に温泉に入っている姿が思い浮かびました。

「ねえ、あなたの自由な姿は温泉に入っていることかなあ？」と小声で聞くと、「それは俺が好きなことやろ！」とすかさずつっこみが入りました。

「そうじゃなくて、本来の姿を考えるんだよ」

すると、目を閉じて眉間にしわを寄せている顔が浮かんだのです。

「そうだ！　彼の本来の自由な姿は、考えることだ！」

お互いの答えを分かち合う時になり、「あなたの自由な姿は考えることだと思う」と話すと、夫がはっとした顔になりました。

「実は、自分の自由な姿がわからなかったんだ。でも、裕香のことばを聞いて、その通りだと思った。自分は小さい頃、いじめられっ子で、よく下校中に違う世界にいる自分を空想していたことを思い出したよ。その小さかった頃の自分の姿と、今、説教者として説教を考え、聖書のことばを思い巡らす自分の姿がつながっていることがわかった。うれしかったよ、ありがとう」

夫婦の距離がぐんと縮まった気がしました。

その後、夫は私の自由な姿について、「祈ることだよね」と話してくれました。「あと、笑うことじゃないかな？　喜んでいることが裕香の自由な姿だと思う」。それは私のたましいに触れ、まさに自由と解放、喜びを与えることばでした。

お互いの自由な姿を知り、神に造られた本来の姿になれるよう手助けすること——夫婦の自由な関係とはなんと素晴らしいのでしょうか。

・あなたの自由な姿は何ですか。
・相手の自由な姿とは何でしょうか。

☆真の夫婦関係とは、自分が自由であること、相手を自由にすることです。

8　結婚準備に名前をつける

わが家の食卓で結婚前のカップルとしている学びの最後には、今までの結婚準備期間を振り返ってもらいます。そして、「結婚準備期間に名前をつけてください。映画のタイトルにすると何でしょうか？」と質問します。既存《きぞん》の映画タイトルでもいいですし、自由に名前をつけてもらってもかまいません。皆さん悩みながら、ある方は楽しそうに、ある方は眉間《みけん》にしわを寄せつつ、今までの時を振り返ります。

実は、婚約期間に大きなけんかをしたというカップルは少なくありません。結婚の約束を公《おおやけ》にすることで安心し、今まで相手に遠慮していたことからも解き放たれ、つい地が出てしまう期間なのです。また、結婚前には二人で決めることがたくさんあります。式や披露宴のためのこまごまとした準備を、仕事の合間にしなくてはなりません。意見の衝突《しょうとつ》や、けんかが多発する時期です。

しかし、婚約期間はまだ序の口です。

結婚後は一緒に生活をともにしますから、お互いの本音が出たり、いやなところが目についたりして、ますますけんかが起きるでしょう。

先日、わが家に来られた新婚数か月のカップルも、実に仲良く見えるのですが、「けんかが増えました」と報告がありました。

「結婚という安定した関係に入り、お互い遠慮なく言い合っています」と、笑いながら報告してくれました。この「夫婦げんか」については、一大テーマですので、結婚後の学びの最初で取り上げたいと思います。

＊

私たち夫婦の結婚準備はというと、結婚式の会場は教会で、出席者は約三百人！式後のティーパーティーも教会の二階、という手作りの式と披露宴だったので、とにかく準備に追われていました。

家族や友達、教会の方々にもたくさん手伝っていただきました。引き出物やそれを入れる紙袋も自分たちで買い付けに行ったり、二人で式次第を印刷したり。仕事を終えてから準備をしていたので、眠いし疲れているし、「こんなに準備が大変なんて、もう二度と結婚（準備）はしたくない！」と思ったほどです。

そんな中で、結婚前に大きなけんかもしました。

夫も私も映画を観るのが大好き。でも、趣味が全く違います。デートの時に「何を観に行くか」でけんかが勃発《ぼっぱつ》。私がようやく折れて、夫一押しのおすすめ映画に付き合ったら、それが衝撃の駄作《ださく》だったのです。

「いやぁ、この監督の前作は最高だったんだよ。それにしても、この作品はひどかったなあ……」としょんぼりする彼。自信満々に「絶対いい映画だから！」とアピールしていた姿とのギャップに、思わず吹き出してしまいました。

「私、あなたと一緒じゃなかったら、この映画一生観なかったと思う。新しい体験ができてよかったよ」……こうしてめでたく仲直りしたのでした。

さて、本題。「結婚準備期間の名前」の発表です。

ある有名なパニック映画のタイトルを口にした方がいました。やはりカップルの間で準備期間にけんかが増え、危機を感じたとのこと。また、逆にほのぼのとした日常を描いた映画のタイトルをあげた方もいました。この方は結婚に向けて幸せな日々を送っているのかな、などと想像できる答えでした。

私たち夫婦は、今までの結婚生活を振り返って、映画のタイトル風の名前をつけることにもしています。私は結婚生活に「渚」というタイトルをつけました。渚は波打ち際、水際のこと。水が陸地と接しているところです。

以前、「渚は海と陸が入り混じるところだ」ということばを聞いたことがあります。夫と私のように全く別人格の二人が、海の水と陸が混じり合うように一つとされていく結婚生活をイメージして名づけました。なかなかロマンチックではないですか！　個人的にかなり気に入り、思わず笑みがこぼれてしまいました。

一方、「夫はどんな名前を結婚生活につけるだろう?」と、楽しみに答えを待ちました。すると、彼が一言。

「成熟する関係」。心に深くとどまることばでした。「成長」ではなくて、「成熟」なのだそうです。熟していく、大人になっていく二人の関係。「実り」ということばが心に浮かびました。

結婚前であっても結婚後であっても、二人で過ごす時間は映画のように、いや映画以上にドラマチックなのではないでしょうか。

・結婚準備期間にタイトルをつけるとしたら何でしょうか。
☆二人で、今までの結婚準備期間を振り返ってみましょう。

9 どんな家族になりたいか

この連載を始めるにあたり、ある婦人に電話でお話をしました。

「今度、結婚をテーマに連載を始めるので、お祈りいただけますか？」

彼女は私の結婚のために一緒に祈ってくださり、また結婚後はわが家のために毎日お祈りしてくださっている方です。

「連載のタイトルは、『わが家の小さな食卓から』というタイトルにしようと思うんです」「まあ、裕香ちゃんのおうちにぴったりなタイトルね！　あなた、食卓にたくさんの方をお招きしたいと結婚前に言っていて、その通りになったものね！」とうれしそうでした。

そうなのです。私たち夫婦が結婚前にどんな家庭にしたいか、ということを話し合った時に、お互い共通していたのは「開かれた家庭にしたい」ということでした。

司式をしてくださる牧師から受けた結婚カウンセリングの中で印象的だったのが、「どんな家族になりたいですか?」という質問。

「お互いに結婚十年後の家族の絵を描いてください」と、紙を渡されました。

「子どもは二人くらいかなあ?」と想像しつつ、子どもとお客様がソファに座っている絵を描きました。夫もお客様と食卓を囲んでいる絵を描いていました。神様は私たち夫婦の願いを聞いてくださり、お客様が押し寄せる家庭となりました。

＊

新婚一年目からのべ百人のお客様。この時は、夫が勤める学生伝道団体(KGK)の学生や教会の青年会メンバーが中心でした。夜中に突然やってくる新聞記者の青年や、救われたばかりの男子学生たちもよく集いました。

夫が神学校に入学した後は、授業後に学生たちがわが家に集まり、熱い神学論議とお茶のひと時。卒業して、再び学生伝道団体に勤めて北陸に赴任した頃は、一番お客様が多かった頃です。年間のべ二百人を数えたこともありました。

最近では、学生よりも卒業生のお客様が多く、結婚の学びや相談でいらっしゃる方が増えました。

その中でも、家庭や異性との関係で傷ついた女子学生たちとの出会いは忘れられません。キャンプや集会で悩み相談を受けた女子学生たちを、夫はわが家に連れてきました。不安や怒りや悲しみでいっぱいだった彼女たちがわが家に泊まり、息子や娘と過ごし、一緒に買い物をしたりお皿を洗ったりしているうちに少しずつ元気になるようすはとてもうれしいものでした。

「うちな、大嶋家の長女やねん」と言っていた彼女は、わが家の玄関でいつも「ただいま」と言い、「行ってきます」と言って自宅に帰って行きました。

親から虐待を受けてきた彼女は最初、「ありがとう」が言えませんでした。「そんなによくしてもらったら、困る。何て言っていいかわからへんから」

ある時、クリスマスに彼女を連れて家族で外食をしました。

「クリスマスプレゼント買おう！　何がいい？」と聞くと、高校生だった彼女は、「ブーツがいい」と言います。何軒も靴屋をまわってやっとお気に入りのブーツを手に入れ、恥ずかしそうに言った「ありがとう」のことば。

私は息子や娘と同じように、「長女」にもプレゼントを買ってあげたかったのです。家族で過ごすクリスマスを体験してほしかったのです。その後、彼女は夫に素敵な鞄《かばん》を贈ってくれました。今でも大事に使っています。

また、精神的にまいってしまい、不安で寝られずに夜中に何度もわが家にやってきた大学生の姉妹。一晩中背中をさすってお祈りし、病院に付き添いました。この姉妹も回復し、就職、結婚。幸せな家庭を築いています。

「裕香さんはパン教室をしているからイメージして描きました。受け取ってもらえますか？」と、渡された一枚の絵。絵の得意なその姉妹が描いたのは、「キリンのパン屋さん」という淡い水彩画。リビングに飾っています。

＊

こうして何百人ものお客様とともに食卓を囲んできました。

これから新しい家庭を築くカップルに私たち夫婦も、「どんな家族になりたいですか？」と問いかけます。十年後、子どもはいるでしょうか？　二人とも働いているでしょうか？　たとえば子どもは何人くらいを望んでいるのか、子どもが生まれたら仕事はどうするのか。子育てや仕事について、家事育児の分担などについて、折々によく二人で話し合ってほしいと思います。子どもが与えられるまでの間、夫婦の時間をたっぷり持って、語り合ってほしいとアドバイスしています。

わが家が、こんなにも多くのお客様を迎える家になろうとは思ってもいませんでした。それは私たちを迎えて、お交わりをしてくださった多くの先輩家族の食卓があったからこそです。「こんな家族になりたい」というモデルがあることは、素晴らしいことです。

・十年後、どんな家族になっていたいですか。
・子どもを持つことについてはどう考えていますか。
・出産後も仕事は続けますか、家事育児の分担はどうしますか。

☆「こんな家族になりたい」というモデルを見つけられたら、素晴らしいことです。

結婚後に
話したい
9つのこと

1 夫婦げんかに名前をつける

わが家の食卓で結婚前のカップルとしている学びは、結婚前に二回か三回、結婚後一回を目安にしています。その後できれば毎年、または数年に一度はわが家に来ていただき、学びを続けていくことをお勧めしています。

結婚後の初めての学びでは、夫婦げんかに名前をつけてもらいます。以前、十数組が集った結婚セミナーで、「夫婦げんかに名前をつけて、報告する」という課題をしてもらったら、非常に盛り上がったのです。

最初は「えーっ、そんなことするんですか？　恥ずかしいなあ」と顔を見合わせていた夫婦も、一人が話し始めたら、次々と出るわ出るわ……。

「夫の駐車場立てこもり事件」やら「妻の公園逃亡事件」やら、かなり激しいけん

かの名前が発表されました。

夫婦げんかの報告なので、さぞや険悪な雰囲気になるかと思いきや、これが不思議と笑いが起こり、一体感が醸《かも》し出されていくのです。「こんなに激しくけんかしているのは、うちだけかも」「うちの奥さんは怒ると怖いなあ」と思っていたのに、「なんだ、ほかの家も結構派手にやっているのね」と慰められるようです。

このテーマは、第三者がいる前で話し合うのがポイントです。夫婦で話し合っても、どうしても行き詰まってしまう問題もあります。しかし、信頼できる先輩カップルに間に入ってもらうと、自分たちを客観的に見つめ直し、けんかさえ、笑いに変えられる恵みを体験できるのです。

こうして、わが家の結婚の学びにも「夫婦げんかに名前をつける」を採り入れることにしました。まだまだ新婚のカップルが多く、結婚セミナーで出てきたような怨念《おんねん》のこもったような激しいけんかはあまり報告されません。

ある新婚四か月のカップルのけんかの名前は「目覚まし時計事件」でした。目覚まし時計の音に気づかず寝続ける妻。やっと目覚めたと思ったら、夫の体越しに手を伸ばしてスイッチを止めようとし、夫にタックルをくり返す。その寝ぼけた姿に夫が怒り出したそうです。想像して、思わず笑ってしまいました。

＊

もちろん、夫婦げんかの名前を報告して学びは終わりではありません。「どういう時に自分たち夫婦はけんかになりやすいか」を思い起こしてもらいます。また、「どうやって仲直りしているか」も話してもらいます。

私たち夫婦もけんかの名前やけんかのきっかけ、仲直りの方法について話します。私たちのけんかのきっかけは、どちらかの体調が悪い時、忙しくて疲れている時、おなかがすいている時が三大要因です。

ちょっとした相手の言葉遣いや態度にかちんときて、けんかが始まることがなんと多いことか。きっかけは実に些細《ささい》なことです。それが、意地の張り合いになり、果ては憎しみ合いになり、修復不可能な夫婦関係になることもあります。たかがけんか、されどけんか。けんかの芽は小さなうちに摘み取ることが大事です。

きっかけのパターンを覚えておくと、けんかを回避できることもあるのです。

「今おなかがすいているから、いらいらしているんだ。何か食べよう」とか「今日は疲れているから、ちょっと休んでこよう」など、感情のコントロールに努めることができます。それでもどうしても感情が爆発し、けんかになってしまうことはあります。そんな時は「仲直りの方法」を確立しておくと助かります。

わが家では、けんかは次の日に持ち越しません。その日のうちに「ごめんなさい」を言うようにしています。そしてけんかのあとは、場所を変えます。最近は、二人で近所の喫茶店に行くパターンを確立しました。けんかした場所から離れ、おいしいコーヒーを飲んで心を落ち着かせます。人の目があるので、けんかが再発することもありません。そして大きなスイーツを注文し、二人で分け合って仲直りとなります。

実は原稿の締め切り日前に、久々にかなり大きな夫婦げんかをしたところ、原稿が書けなくなってしまいました。「結婚」の連載や結婚セミナーの講師をしながら夫婦仲が悪かったら恥ずかしい限りなのですが、締め切り日直前にめでたく仲直りし、原稿を書き上げることができました。

私たちがけんかしても仲直りできるのは、主がいてくださるからです。みことばによって自分の非を認め、互いに赦し合うことができるのは主のあわれみです。夫婦の間に和解の主がいてくださるとは、なんと幸いなことでしょう。

・夫婦げんかに名前をつけるなら、どんな名前になりますか。
・どんな時にけんかになりやすいですか。
・どうやって仲直りしていますか。仲直りの方法は確立していますか。
☆「夫婦げんか」のテーマは、第三者がいる前で話し合いましょう。

2 素晴らしき哉《かな》、家庭礼拝！

子育てについて語り合う①

結婚後、子どもは与えられないかもしれませんし、与えられるのはずっと先のことかもしれません。しかし、いざ子どもが与えられ、出産、育児の怒濤《どとう》の日々が始まってしまうと、夫婦でじっくり子育てについて話し合うことは難しいでしょう。二人で子育ての方針を話し合っておくことは大切です。

＊

「子育てにおいて共有しておきたいことは何ですか？」と質問すると、「家庭礼拝をしたい」という声が多く上がります。皆さん、素敵な家庭礼拝を夢見て目をきらきらさせています。しかし、希望を打ち砕くようで申し訳ないのですが、家庭礼拝を続けることは、実はとてもとても難しいのです。

わが家も結婚してから毎晩夫婦で、子どもが生まれてからは家族全員で家庭礼拝をしてきました。夫婦二人の時は、寝る前に聖書を一緒に読み、その日の「うれしかったこと、悲しかったこと（愛されことば、悲しみことば）」を三つずつ分かち合ってお祈りしていました。

しかし、子どもが生まれると、続けるのが難しくなってきました。夫も仕事で留守がちでしたし、私も慣れない育児でくたくた。途切れがちになっても、それでもやはり家庭礼拝は続けていきたい……。

そんな折に夫婦で参加した結婚セミナーにおいて、講師から良いアドバイスをいただきました。「この日本において、仕事で帰りが遅かったり、留守がちであったりする夫が、家庭礼拝をリードするのは難しい。夫は、『家庭礼拝は妻に任せた』というリーダーシップをとればいいのです」

なるほど、素晴らしい知恵です。このことばを聞いた夫は肩の荷が下りて、かなりほっとしたとか。早速、私が家庭礼拝をリードすることにしました。すると、続いたのです！

家庭礼拝のスタイルは何度か変わりましたが、続ける秘訣は「シンプルに」「時間は短く」です。気合いの入ったたいそうなプログラムにしてしまうと、続けるのは大変です。また、夫が不在の時も必ずするようにしました。その場合は、「お父さんのお仕事のために」皆でお祈りします。年間三分の一は泊まりの仕事で家にいない父親の存在を際立たせるよう、心がけました。

わが家では子どもたちがまだことばが話せない時から家族一緒に座って、参加するようにしました。ことばが話せるようになったら、「今日うれしかったこと、お祈りしてほしいこと」を発表し、一人ずつお祈りしました。子どもの成長に合わせて、振りつきの賛美をしたり（夫も一緒に踊りました）、暗唱聖句をしたり、子ども向けの聖書やディボーションガイドを開き、読み聞かせました。字が読めるようになったら、子ども向け聖書やガイドのその日の分を子どもたちが順番に読みました。そのうち、司会も息子や娘にお願いしました。

とにかく家族全員参加型のプログラムで、時間は十分以内です。場所は布団の上だったり、リビングだったり、食卓だったり。

なんといっても、わが家の家庭礼拝の最大の恵みは、家に来られるお客様にも参加していただくことです。お客様に突然「暗唱聖句をしてください」と話すと、びっくりされて言えないこともあり、一方で得意げに暗唱する子どもたちの満足そうな顔といったら！　お客様には救いの証しをしていただいたり、子どもたちの信仰上の質問に答えていただいたり、実に信仰継承の場だったと思います。

＊

現在は毎日ではなく、週一回になりました。子どもたちも大きくなり、家にいる時間帯も変わってきたからです。各自でディボーションをすることにし、週一回の家庭礼拝は日曜日に行い、礼拝のみことばを分かち合ったり、子どもカテキズムの本で一緒に学んだりしています。子どもたちがみことばから教えられる姿勢、幼い頃から祈ってきたその祈りに、私自身日々支えられてきました。

毎日ではなくても週一回でも月一回でも、家庭礼拝を続ける恵みは量り知れません。みことばと祈りを家族全員で共有すること、家族の祈禱《きとう》課題に関心を払うこと、お客様にも参加していただき、交わりの豊かさを経験すること。それが習慣化するなんて、最高です。それぞれの家庭のスタイルで、途切れても何度でもやり直せばいいのです。素晴らしき哉《かな》、家庭礼拝！

・子育てにおいて共有しておきたいことは何ですか。
・家庭礼拝についても、どう考えていますか。
☆家庭礼拝は「シンプルに」「短く」「全員参加型」をおすすめします。
☆それぞれの家庭のスタイルを大切に、何度でもやり直せば大丈夫です。

3 夫婦一致した子育て

子育てについて語り合う②

子育てについての学びでは、「子育てについて共有しておきたいこと」に加え、「どんな父親または母親になりたいですか？」「子どもが生まれたら、不安なことはありますか？」「伴侶《はんりょ》にはどんな父親または母親になってほしいですか？」「子どもが生まれたら、不安なことはありますか？　期待することはありますか？」という質問にも答えてもらいます。

「どんな親になりたいか、なってほしいか」については、子どもに尊敬される、信頼される親という答えが多いように思います。

夫はこの質問に対して、「子どもが小さい頃は、きちんと『ごめんなさい』と『ありがとう』を言わせる父親になりたかった。そうさせる責任が自分にはある。妻が子どもにガミガミ言わなくてもいいようにね」と答えます。今は、「『お父さんはどう思う？』と子どもに意見を聞かれる父親になりたい」そうです。私は、「子どもを支配しない、子どもの選択を尊重する母親になりたい」と思っています。また妻の私に対して、夫は「いい妻でいてくれたら、いい母だと思う」と答えます。私は夫に対しては、「子どもを支配しない、子どもの選択を尊重する父親になってほしい」、そして「子どもと一緒に時間を過ごす父親になってほしい」です。多忙な中でも息子とキャッチボールをしたり、娘の買い物に付き合ったりする夫の姿を見ると、信頼と尊敬が増すのです。

＊

さて、「子どもが生まれると、不安なこと」ですが、ありとあらゆる問題が飛び出します。それこそ子どもの幼稚園、保育園、学校選び、受験、結婚、信仰継承……具体的には、携帯電話をいつ持たせるのか、異性との交際についてなど、夫婦で話し合いたい問題が山積みです。なかでも「仕事と育児との両立」、そして「しつけ」に関して不安を訴える方が多いように思います。

前者については、「仕事のことを分かち合う」で取り上げたように、夫婦でよく話し合い、お互いの助け手、味方であり続けること、「いつもありがとう、よくやのようです。

「しつけ」に関しては、「どんなふうにしつけたらよいかわからない」という不安っているね」とねぎらいのことばをかけ合うことがポイントではないでしょうか。

わが家のしつけのポイントは、「夫婦で一致している」ということでした。

よく「どちらかが子どもを叱ったら、どちらかが慰め役にならないといけないのでは？」と質問を受けます。しかし、大事なのは「お父さんが怒っている時はお母さんも怒っている」という、一致した姿勢だと考えています。そうでないと、子どもは混乱しますし、優しい親のほうになびいたり、逆に親を軽んじたりすることもあるからです。

わが家では、私も夫も一緒に怒り、子どもが「ごめんなさい」と謝ったら、一緒に赦し、そのあとは一緒にたくさん遊びました。夫は怒るととてつもなく怖い父親ですが、子どもとよく遊ぶ、とてつもなく面白い父親でもあります。子どもが小さい頃は、投げ飛ばしごっこやおかしな動物ごっこなど、大爆笑する必殺の遊びを次々に開発していました。

また、子育て中にはいろんな声が気になります。「母乳で育てるべき」「そんなに抱っこしたら抱き癖がつく」「もっとこうしたらいいわよ」など、親切心で言われることばに混乱します。そんな時も夫婦でよく話し合い、一致した見解を持っていれば揺らぐことはありません。

「夫婦で話し合ってから、うちはこうすることにしています。夫がこうしなさいと言うので、それに従っています」と妻が答えるといい、と夫婦でアドバイスしています。妻のほうが育児に関わる時間が多く、いろんな人から意見を聞くことが多いのです。夫が妻の心を守ってくれることは、何よりも大きな育児参加ではないでしょうか。

子どもが生まれたらなんだか大変そう、と思うかもしれませんが、「期待することも」もたくさんあります。皆さん、「夫婦の愛情が深まりそう」「わが子に信仰を伝えていくことに期待を持ちます」「自分の親に対する見方が変わりそう」「自分が成長できるのでは？」などの期待を話してくれます。

子育ての指針である聖書が与えられていること、どんな不安も期待も、何でも話せる父なる神がいらっしゃること、ともに親として成長できる伴侶が与えられていること、なんとなんと感謝なことでしょうか。

・どんな父親または母親になりたいですか。
・伴侶《はんりょ》には、どんな父親または母親になってほしいですか。
・子どもが生まれたら、不安なことは何ですか。
・子どもが生まれたら、期待することは何ですか。
☆子育てについても、夫婦で一致していることが大切なポイントです。

4　愛されことば再び

結婚にはメンテナンスが必要①

結婚生活には定期的なメンテナンスが必要ではないでしょうか。車が二年ごとに車検をするように、折々に結婚生活の原動力となるエンジンやタイミングベルトなどを点検する必要を感じます。生活するうちにすり切れたり、古びていったりする部分はないでしょうか。

わが家の食卓で結婚の学びをしたカップルの中でも、定期的に学びを続ける方たちがおられます。一年ごとや二年ごとにわが家の食卓で近況を分かち合い、いくつかの質問を一緒に考えることにしています。

まずは、結婚前に取り上げた「愛されことば、悲しみことば」を再び分かち合い

ます。「愛されことば」とは、相手に言われると、愛を感じることばや行動のこと。「悲しみことば」は、相手に言われると、悲しみを感じることばや行動のことです。この「愛されことば、悲しみことば」は、日々変化するので、結婚後の学びごとに再確認するようにしています。

たとえば結婚当初は、「二人でおしゃれなお店に食事に行くこと」が愛されことばだったのが、子どもが生まれたら、「子どもを見てくれている間に一人の時間を持つこと」に変化したりします。ですから、「彼は唐揚げが好きなんだから、唐揚げさえ食べさせておけば大丈夫よ」というわけにはいきません。体調の悪い時やさっぱりしたものが食べたい時もあるのです。

絶えず自分の状態を伴侶に知ってもらうこと、また伴侶の状態を知り、注目し続けていくことが、みずみずしい結婚生活を続けていく秘訣ではないでしょうか。

また、結婚前に分かち合った内容よりも、結婚後の「愛されことば、悲しみことば」は、より具体的で生活感のあるものに変化するのも面白いところです。

＊

先日、わが家に来られたカップルは、子どもが生まれてから生活が激変したとのこと。「『パパすごいね！』と子どもの前で妻がほめてくれることが、今の自分の愛されことばです」と目尻が下がりっぱなしのご主人。育児にも積極的に参加する、今流行の「イクメン」まっしぐらのようすでした。

一方の奥さんは、「子どもにいつもかかりっきりなので、一人の時間を持てるとほっとします。主人が子どもを見てくれることが私の愛されことばです。その間にゆっくりスーパーで買い物するのが楽しみ」だそうです。

このように具体的に分かち合うと、「なるほど、あのことばが彼にヒットしたのね」「彼女がリフレッシュできるなら、またできることをやってあげよう」と、お互いにモチベーションが上がります。「愛されことば」を定期的に確認することは、車にガソリンを入れ、エンジンをかけることに似ているかもしれません。愛のガソリンで伴侶の心を満たし、また走り出せるようにするのです。

また、「悲しみことば」を分かち合うことは、伴侶の必要や自分の足りないところを知り、より良い夫婦関係を築いていく原動力となります。「悲しみことば」の確認は、車のさまざまな部品が故障していないか、すり切れていないかの定期点検のようです。心ない自分のことばや態度で伴侶が傷ついていないでしょうか。

もちろん、私たち夫婦も「最近の愛されことば、悲しみことば」をともに分かち合います。いつでも最新版の愛されことば、悲しみことばに更新していくことは、私たちの結婚生活の大きな助けになってきました。絶えず「相手に伝わることば」を磨いていくことが問われているように思います。ですから、この学びの最後には、「今まで伝えていなかったけれど、相手に感謝していること三つ」も互いに伝え合うようにしています。

ある共働きの新婚カップルは、ご主人が仕事で忙しく、休みもなかなか合わせられず、それが原因でけんかになったこともあったそうです。

しかし、ご主人が奥さんに向かって、「出勤が多くて寂しい思いをさせているけれど、妻として支えようとしてくれてありがとう。お弁当を作ってくれること、夕食を作ってくれることに感謝しています」と伝えました。

すると、目に涙をためた奥さんの口から、「早く帰ろうと努力してくれてうれしい。毎晩『今日も一日ありがとう』と言ってくれるよね。どんなに疲れていてもお皿洗いとお風呂掃除をしてくれるよね」と、ご主人への感謝のことばが次々に飛び出しました。お互いの心に愛のガソリンが満タン注入された瞬間でした。二人はまたエンジンフル稼働で走り出せることでしょう。

・結婚後、あなたが相手から受けた「愛されことば」は何ですか。
・結婚後、あなたが相手から受けた「悲しみことば」は何ですか。
・今まで伝えていなかった、相手に感謝していること（三つ）は何ですか。
☆結婚後も定期的にお互いの「愛されことばと悲しみことば」を確認しましょう。

5 どうしても行き詰まってしまう問題

結婚にはメンテナンスが必要②

結婚生活を送るうちに、二人で話し合ってもどうしても解決できない問題が出てくるということはないでしょうか。話していても平行線をたどるばかりなので、蓋《ふた》をしてしまっていること。相手に通じないので、あきらめてしまっていること。

普段からどれほど丁寧にコミュニケーションをとっている夫婦でも、一つ二つはそんな問題があるのではないでしょうか。

そのような時は、信頼できるクリスチャンの夫婦に間に入ってもらうと、解決の糸口が見つかることがあります。私たち夫婦も、長年抱えていた問題が交わりの中で解決できたという経験を何度もしてきました。ですから、わが家の結婚後の学び

の中でも「二人で行き詰まってしまうテーマはありませんか？」と必ず質問することにしています。

すると、「実はこういうことで悩んでいまして……」と抱えている問題を出してくださり、私たち夫婦もともに解決策を考える時が与えられます。

二人だけで話し合うとどうしても感情が爆発し、大げんかが始まり、結局、問題は何も解決しない……。そのくり返しでは疲れ果ててしまいます。しかし、他者がいることで感情的にならず、夫側にも妻側にも立って公平に話を聞いてもらえることで冷静に話し合うことができるようです。

そして、たとえその場で円満解決しなくても、解決の糸口が見えただけで、ずいぶん心持ちが違います。自分の言い分を聞いてもらい、共感してもらえただけで「もう十分満足しました！」という方もいます。眉間にしわを寄せてうつむきがちだったカップルが、四人で話し合った後にすっきりとした表情になって、微笑《ほほえ》み合いながら帰っていきます。「あんなにぎすぎすしていたのに、今やラブラブ！」と、その落差にとまどいつつも、解決を与えてくださる神様に心から感謝するのです。

＊

実は私たち夫婦にも、長年抱え込んでいた問題がありました。二人で話し合っても、どうしても埒《らち》が明きません。私も半ばあきらめかかっていました。そんな時、唄野《ばいの》隆先生、絢子先生ご夫妻に私たち夫婦の悩みを聞いていただく機会が与えられました。

その悩みというのは、「夫の外部奉仕」についてです。

学生伝道団体で働いている夫は、日曜日はほとんど毎週、全国各地の教会で礼拝説教をする奉仕があります。私と子どもたちは家の近くの教会に出席するので、家族全員でともに同じ教会で礼拝をささげられない、というのが悩みでした。

当時、幼い子どもたちを私が一人で教会に連れていくのは大変なことでした。しかも夫の転勤で出席教会も変わったばかり。慣れない教会の中で夫がいない寂しさ、悲しさ。「家族全員で一緒に礼拝がしたいの！」と私が訴えても、夫は「仕事だから！」の一点張り。

このような状況をじっと聞いていた隆先生が一言。

「それって、大嶋君の自己実現ちゃうか」

絢子先生が一言。「ご主人を奉仕に送り出すことは、裕香さんに与えられた十字架じゃないでしょうか」

このお二人のことばは、夫の心にも私の心にも深く突き刺さり、変革をもたらしたのでした。「『今まで外部の教会での奉仕は仕事だからしょうがない』としか思わなかったけれど、奉仕を次々に入れることは自己実現だったのか？」と問い直す夫。「もちろん、仕事だってわかってる。神様の働きだってわかってる。でも、悲しくてつらい。だけど、イエス様が負われた十字架を負うように問われているの？」と考え直す私。

そして私たち夫婦が導き出した結論は、「一か月四回の日曜日のうち、外部奉仕は二回まで。あとの二回は出席教会で家族全員で礼拝をささげる」でした。このルールは現在も変わっていません。お互いに譲り合い、納得できる結論でした。

それからというもの、夫のオーストラリア留学や子どもたちの思春期など、懸案事項が出てきた時は必ず唄野先生のお宅を訪ね、話を聞いていただくことにしました。すると毎回、実に見事に目の前がぱあっと開けていくような思いにさせられるのです。

お宅訪問は恒例となり、今では毎年一度は唄野先生のお宅で私たち夫婦のメンテナンスの時を持つようになりました。交わりの中で働かれる神様の素晴らしさを体験すると、本当にやみつきになってしまいます。交わりに助けられながら、夫婦となっていくのです。

・二人では、行き詰まってしまうテーマはありませんか。

☆先輩クリスチャン夫婦に悩みを聞いてもらうことは大切なことです。

6 助け手として悲しみに寄り添う

わが家の食卓での結婚前後の学びでは、「悲しみことば」や「家族の悲しかった思い出」について分かち合う時を持ちますが、二回目で取り上げたように、あまりに思い出すのにつらい出来事を無理に話してもらうことはありません。しかし、安心感のある交わりの中で、それまで蓋をしてきた悲しみを取り出し、伴侶《はんりょ》に受け止めてもらうことを経験するカップルも少なくありません。

皆さん少なからず親や兄弟、親戚との関係で悲しい思いをしてきたという経験はあるでしょう。また、学校、職場などの人間関係や、交際していた人との関係において傷ついてきた過去を持つ方もあるでしょう。

私たち夫婦にも長年蓋をしてきた悲しみがありました。お互い話すのに十年以上かかったこともあります。

私にも、あまりにつらい出来事だったので、夫に話そうとしても話せなくなってしまうという出来事がありました。夫はいつも「全部話さなくていいよ。そのままで受け止めているから。話せるようになった時でいいからね」と寄り添っていてくれました。

しかし、結婚して十年以上たった時に、ふとしたきっかけから、ずっと抱えてきたことを夫の前ですべて話すことができたのです。心がすっと軽くなりました。時間はかかりましたが、結婚という愛と信頼と安心の関係の中で、主によっていやされることがあるのだ、という経験をしました。

一方、夫にも抱えていた悲しみがありました。ある結婚セミナーの講師を夫婦でしていた時のことです。参加者とともにさまざまな質問を考えていくセッションの途中で、話しながら夫が突然涙を流し始めました。そんなことは初めてだったので、隣にいた私はびっくりしました。

「僕は、怒りという感情のコントロールについてずっと苦しんできました」

涙を流しながら、結婚セミナーの参加者の前で悲しかった体験を話す夫。

その後、自由時間になったので、私たち夫婦は集会室を出て、施設の庭を歩くことにしました。ちょうど紅葉の時期だったことを覚えています。秋風が優しく頬をなでていきました。

「いやあ、あんなふうに自分のことを話すなんて思いもよらなかった」と、本人もびっくりしているようすでした。

私は夫に寄り添い歩きながら言いました。

「あなたはこうして、話しながらいやされていくのね」

すると、夫が私に向き合ってこう言ったのです。

「このことについて、自分のことを助けてほしい」

そう言った彼の真実のことばに、私は心から感動したのです。そして、「ふさわしい助け手」になるのだ、と思いました。

＊

「人が、ひとりでいるのは良くない。わたしは彼のために、彼にふさわしい助け手を造ろう」（創世記2章18節）と、神様はアダムのところにエバを連れてこられました。この「ふさわしい」とは、「合う」「面する」「向かい合う」という意味です。そして「助け手」とは、「神からの助け」という場合に用いる「エゼル」というヘブル語が使われています。

実に「助け手」とは、お手伝いやヘルパーではなく、人格的に向かい合うパートナーであり、伴侶が神様に向き合うことができるように「助ける」存在――。私たちが結婚セミナーにおいて何度となく話してきたこのことばが、この時ほど心に響いたことはありませんでした。

また、夫はこんな話もしてくれました。

「自分がトラブルを抱えて言われもなく責められた時に、裕香の母教会の牧師先生のことばを教えてくれたことがあったよね。あのことばには本当に助けられた」と。それは、「責めている側にイエス様はいない、責められている側にイエス様はいらっしゃる」ということばです。私自身も何度となく助けられ、励まされてきたことばを夫に語りかけたのですが、とてもうれしかったそうです。

私たちの人生には悲しみがあります。苦しみ、痛みがあります。

しかし、悲しんでいる人のそばにこそ、イエス様が寄り添ってくださっていること。悲しみの時に寄り添い、助けてくれる伴侶が与えられていること。どんなに大きな力でしょうか。時間がかかるかもしれません。しかし、結婚生活の中で悲しみがいやされるということはあるのです。

もはや一人で悲しみを背負うのではなく、二人で分かち合うのです。

「ふたりはひとりよりもまさっている」

（伝道者の書4章9節）

・長年、心に秘めてきた悲しい体験はありませんか。
☆夫婦は、お互いに弱さを助け合う存在なのです。
☆相手の悲しみに寄り添い、励ましのことばをかけましょう。

7 相手に願っていることは？ ――ＰＭＳとピンクの角事件

わが家の食卓でしている結婚後の学びでは、「こうしてほしいと相手に願っていることはありますか？」という質問に最後に答えてもらいます。

二人だけでは言いにくいけれど、相手に伝えておきたいことを話し合います。信頼できるクリスチャンカップルに間に入ってもらうと、正直かつ冷静に分かち合うことができるでしょう。私たち夫婦も、面と向かっては言いにくいけれど、本当は伝えたい相手への願いを分かち合います。

私は夫に対しては、「健康に気をつけてほしい。過労と夜中の食事が心配です」と伝えています。仕事大好き人間の夫は、ついついスケジュールを詰め込みがち。また仕事で夜遅くに帰宅することが多いのですが、どんなに遅くなっても必ず家で夕食を食べます。体に悪いことはわかっていても、食事は家でゆっくり味わいたいのだとか。定期健診は欠かさず、運動もよくしているので、今のところ問題はないと思うのですが、やはり心配。野菜多めのメニューを用意するようにしています。

さて、夫の私に対する願いは、「機嫌よくいてほしい。笑顔でいてほしい」ということです。私はおなかがすいている時と睡眠不足の時、疲れている時に機嫌が悪くなる傾向があるのです。実は新婚旅行先でも、おなかがすいた私がいらいらして急に機嫌が悪くなり、その態度に夫も怒り始め、大げんかが始まったことがありました。その後に食事をしてすぐに笑顔になった私を見て、夫は確信したそうです。「この人は、おなかがすいたらダメなんだ。何か食べ物を与えなきゃ！」

それからというもの、私がいらいらし始めると、「おなかがすいているんじゃない？　何か食べたほうがいい」とか「睡眠不足だから、寝てきたほうがいいよ」などと的確なアドバイスをしてくれるようになりました。

＊

しかしその後、二人の子どもを出産してから、「PMS（月経前症候群）」というすさまじいいらいらの嵐がわが家にやってきました。

独身の頃や出産前も、頭痛や腹痛などの症状はありましたし、多少のいらいらはありました。しかし、特に二人目の子どもを出産してからPMSがひどくなりました。たとえて言えば、自分の中に燃えたぎるようなマグマがあって、爆発するような怒りが湧いてくるのです。言い方がきつくなり、普段は何も感じないようなことにもかちんときて、怒りまくってしまいます。体にも力が入らず、腹痛や腰痛もひどくなり、寝込んでしまうこともありました。

ある時、まだ幼い子どもたちに対して理不尽に怒りすぎてしまったことがありました。怒りを抑えられない自分に落ち込み、悔しくて悲しくて、涙が出てきました。少し落ち着いてから、子どもたちに謝りました。「さっきは怒りすぎてごめんなさい。お母さん、体調が悪くて言いすぎてしまったの。本当にごめんね」。子どもたちは快く赦してくれましたが、その一部始終を夫が目撃していたのです。「ああ、夫はこんな私にあきれ果てているに違いない」と、またもや落ち込みました。「見ていたの？　私、鬼のように頭から角が出ていたでしょう？」と恐る恐る聞いてみました。

「う、うん……。でも、ピンクの角だったよ」

ああ、なんと、慰めに満ちたことばだったことでしょう。私はピンクが大好きなのです。鬼のような鋭い角が生えていたとしても、それがかわいらしいピンクだったと形容してくれた夫の優しさ。そしてこんな母親でも赦してくれる子どもたちの寛容さ……。私は夫と子どもに赦され、受け入れられながら生きているんだ、と心から感謝しました。わが家ではのちにこの日のことを「ピンクの角事件」と名づけ、今でも語り草となっています。

その後、産婦人科に通って治療を始めると症状は改善し、精神的にも肉体的にも調子が良くなりました。出産や更年期による女性ホルモンの変化によるものだったのでしょう。つらかった嵐がうそのようにおさまり、平和な日々が戻ってきています。私が夫の健康を気遣うのと同様に、夫も私の体調を気にかけ、酵素ジュースやスムージーを作り、夫婦一緒に楽しめるスポーツをしようと、よく誘ってくれます。

おなかがすいたり寝不足だったりすると、今でもすぐに平和は壊れてしまうので、私も気をつけねばなりません。

伴侶に願うばかりでなく、伴侶が願っていることに応えていけるよう、交わりの中で励まし合っていきたいと思います。

・あなたが夫または妻に願っていることは何ですか。
・夫または妻があなたに願っていることは何ですか。
☆相手の願いを聞き、それに応える努力をしていきましょう。

8　産後クライシス　――夫婦の危機

結婚後にわが家を訪れるご夫婦に対して、また私たち夫婦がしている結婚セミナーでは、「産後クライシス（危機）」について語り合う時をできるだけ持つようにしています。夫婦の危機が訪れるのは、妻の産後が多いのです。離婚率が上昇するのも主に産後二年以内とのこと。最近はテレビや新聞などメディアで取り上げられることも多く、テレビドラマの題材にもなりました。

ベネッセ教育研究所開発センター・次世代育成研究所の調査では、出産後に夫への愛情が減る妻が増えるのです。

妊娠期は「夫を本当に愛していると実感する妻」が七四・三パーセントだったのに、産後一年で四五・五パーセントまで低下。さらに二年で三六・八パーセント、三年で三四パーセントと、どんどん落ち込むのです。

一方、夫は「妻を本当に愛していると実感する」割合が、産後一年で六三・九パーセントまで低下するものの、その後は五〇パーセント以上を維持し続けます（「第一回妊娠出産子育て基本調査・フォローアップ調査（妊娠期～二歳児期）」二〇一一年四月／9頁）。

男女間の差が相当ありそうです。特に女性は、産後は赤ちゃんの世話で睡眠不足が続きますし、ホルモンバランスも崩れている時期。夫が妻の疲弊《ひへい》に気づかないと、お互いの間にかなりのずれが生じると思います。

「育児の大変な時期に夫が手伝ってくれなかった」「母親なのに、なんで子どもと一緒にいるのが大変なの？　子どもと一日中ごろごろしているだけなのに、と言われた」などなど。最近増えている「熟年離婚」の原因も、産後の夫の態度に対する不満や恨みが何十年も積もりに積もって、という話をよく聞きます。積年の恨みを抱く前に、夫婦でじっくり向き合うことが必要でしょう。

また、産後の夫婦は、性的な関係でもずれが生じやすいのです。妻は授乳で女性ホルモンの分泌が抑制され、育児による疲労や子ども優先の生活に切り替わったことで、夫に求められるのが苦痛になることもあります。出産後の切開の痛みが原因になることもあります。

しかし、夫は妻の妊娠期から産後にかけて、性的欲求に変化はありませんから、どうしてもすれ違ってしまいます。

＊

実は、わが家にも「産後クライシス」がありました。

長女が生まれてすぐのこと。実家も遠く、初めての育児に大わらわな私。帝王切開だったので、しばらくは傷の痛みもあり、睡眠不足と疲れのため、夜は子どもと一緒に早く寝てしまっていました。

ある夜、夫が大量の餃子を食べて帰宅。私はついつい「にんにくの臭いが耐えられない！」と夫の要求をはねのけてしまったのです。

しばらくして、夫に別室に呼ばれ、「裕香は何を一番大事にしているの？」と問われ、はっとしました。「私がおむつを替えないと、私が授乳しないと、娘は生きていけない！」という必死の思いがある一方で、「でも、あなたは大人なんだから、着替えも食事も一人でできるでしょう？」と、夫に対する思いやりの気持ちが欠けていたのです。

同時に、母からのアドバイスも思い出しました。

「産後は、母親は育児に必死だけど、その時期に夫の心が離れていくことが多いから、なるべく小綺麗にして、旦那さんを大事にするのよ」――なんとも具体的なアドバイスだったのですが、真理だと思います。その後は私も心を入れ替え、いつまでも綺麗で愛されやすい妻でいようと、身なりにもより気をつけるようになりました。ただ「にんにく食べすぎ注意」はそれとなく伝えていますが……。

夫婦ともに相手の体調や事情を思いやり、性的欲求についても自由に話し合いができたら素晴らしいことです。デリケートな問題ですから、誰にでも話せるという話題ではありません。しかし、信頼し合える関係の中で、性の悩みや夫婦の危機についても分かち合ってくださる方々との正直な交わりに、私たち夫婦は助けられてきました。

箴言五章一八節では、「あなたの若い時の妻と喜び楽しめ」（新共同訳では、「若いときからの妻に喜びを抱け」）と言われています。また、雅歌でうたわれる夫婦の関係は美しく、愛にあふれています。

お互いの肉体を褒《ほ》め合い、受け入れ合う素晴らしさは、結婚という関係において神様が与えられた麗しいものなのです。夫婦が肉体的にも精神的にもお互いを思いやることで、産後の危機を乗り越え、「ふたりが一体となる」歩みを文字通り続けていきたいと願わされています。

・産後の体調の変化について、学び合っていますか。
・性的欲求について、お互いにどう考えていますか。
☆肉体的にも精神的にもお互いを思いやり、「産後の危機」を乗り越えましょう。

9 学び続ける「結婚」

——変わっていくことができる恵み

クリスチャン同士で結婚しても、自動的に良い夫婦になるとは限りません。違いのある二つの人格が一つとされ、夫婦となっていく歩みには、絶えざる努力と学びが必要だと思うのです。「男はその父母《ちちはは》を離れ、妻と結び合い、ふたりは一体となるのである」（創世記2章24節）。ここには「ふたりは一体となる」とあり、「一体である」ではありません。「なる」というところに、神様の御手の中で「変わっていける」恵みの約束の響きがあります。

結婚式の誓約の時に二人は「夫婦」となりますが、同時にその後の時間の中で、夫婦となっていく歩みは続くのです。

私たち夫婦の歩みは、多くの先輩夫婦や後輩夫婦との交わりに助けられてきました。結婚前も結婚後も、結婚に関する学びを続けていくことはとても大切です。

新婚半年の時に、キリスト者学生会（ＫＧＫ）卒業生会の結婚セミナーに参加したことは大きな恵みでした。結婚して間もなく、まだまだふわふわと落ち着かない頃でした。自由時間に夫婦で海辺を散歩していると、講師の先生ご夫妻が遠くに見えました。その頃、先生方は六十代だったでしょうか。奥様の肩を抱いて、仲睦《なかむつ》まじそうに散歩をしておられるシルエットが実に美しく、一枚の絵画のようでした。「私たちもあんな夫婦になりたい！」心からそう思いました。そして、積極的に結婚セミナーや家族セミナーに参加し、学びを続けるようになりました。

そのうちに、今度は私たちが結婚セミナーの講師を頼まれるようになりました。先日も、大阪の教会で「結婚式の式次第の意味について」夫が話し、私も結婚生活の証《あか》しをしました。質問コーナーもあり、ざっくばらんな楽しい時となりました。

その中で夫婦関係をより良く保つ方法の一つとして、「愛されことば、悲しみことば」を夫婦で分かち合うと良いですよ、という話をしました。

すると、セミナー後に六十歳を過ぎた男性からメールが届きました。

「大嶋先生ご夫婦は、新婚の時に毎日、愛されことば、悲しみことばを三つずつ分かち合ったと言っていましたね。それはいいと思って、これから毎日妻と分かち合うことにしました！」とてもうれしそうな文面でした。六十歳を過ぎてからも、変わろうとされる信仰の姿に感動を覚えました。

＊

良い夫婦になっていく秘訣の一つ、それは「変わっていくことができる」という希望だと思います。何歳になったとしても、年下の人の話を聞いて素晴らしいと思ったら、それを採り入れることができる柔軟さ。教えられやすい心。神様からの素晴らしい賜物だと思います。そして、相手を変えようとするのではなく、自分から変わっていこうとする謙虚さ。神様はそのような人に多くの祝福をそそいでくださると信じます。

私が主《しゅ》によって「変わっていくことができる」家庭の恵みを初めて体験したのは、小学一年生の頃でした。母が救われ、一年後に父が救われてから、私の家庭はがらりと変わりました。それまで父と母はあまり仲が良くなく、母は父を大切にしていなかったそうです。タンスの上の段を母が使い、使いにくい下の段を父にあてがったり、夕食でカレイの身を母と私が食べ、その残りの骨を骨せんべいにして、父の夜食に出したり……。

そんな母がイエス様を信じた時に、それまでのことを父に土下座して謝り、タンスの段をすべて入れ替え、父にもカレイの身を用意し、父を大切にするようになりました。父は、母のあまりの変わりように驚き、母を変えた聖書を読むようになって、救われました。

それまで暗かった家庭が明るくなり、しつけに厳しかった母はとても優しくなりました。そして父も信仰をもってから、会社人間から教会人間になり、明るく、楽しい性格に変わりました。弟と妹が生まれ、家族全員で教会に通うようになりました。その劇的な変化は衝撃でした。幼い私にもわかりました。

「イエス様が、この家庭を変えた！」と。

いつからでも今からでも、主に期待し、主のことばに従い悔い改めていく時、私たちは変わることができるのです。そして自らが変わる時、伴侶が変わり、家庭が変えられていくのです。そのためには、結婚について学び続けること、周りの方々に助けられ続けていくことが大切ではないでしょうか。

「人が、ひとりでいるのは良くない」（創世記2章18節）と言われ、神様は男と女を造られました。伴侶の「ふさわしい助け手」となるために。この結婚の素晴らしさは、学んでも学んでも尽きることのない、深い深い恵みの泉です。

・結婚前、結婚後の学びによって自分が変わったと思う点はありますか。
・これまでの学びで、わが家に採り入れたいと思ったものはありますか。
☆二つの人格が夫婦となっていく歩みには、絶えざる努力と学びが必要です。
☆相手を変えようとするのではなく、自ら変わろうとする謙虚さが祝されます。

結婚セミナー Q & A

Q「みこころの人」って、どうしたらわかるのですか？ 結婚する「みこころの時」がいつか、どうしたらわかりますか？

よく「ビビビっときた」「この人と結婚すると思った」ということばを聞くことがあります。先日、結婚をテーマにしたパネルディスカッションに夫婦で参加した時に、三組の夫婦に対して「ビビビってありましたか？（……いわゆるこの人と結婚するのでは、という直感のことです）」という質問が投げかけられました。結果は、「ビビビっときた」と答えたのは私だけで、当の夫は「ビビビっとはこなかった」と答えました。あと二組の夫婦にも「ビビビ」はなかったそうです。

私は夫と初めて出会った時には結婚の対象とは思えませんでしたが（お互い交際している人がいましたし）、不思議と気が合い、話していてもとても落ち着きました。「この人とは何か一生の付き合いをするような気がする」とちらりと思ったものでした。また、三年後に再会した時には、「この人が、私が祈っている結婚相手かもしれない」と思いました。

夫が私のことを「みこころの人」だと確信したのは、結婚式の誓約の時だそうです。結婚式で誓約をし、牧師によって「この二人は夫婦となりました」と宣言された時に、「ああ、この人はみこころの人だったんだな」とわかったといいます。

それまでは、「この人がみこころの人であればいい」と願いながら交際をしていました。しかし神様のみこころは、結婚に導かれるまではわからないのが人間です。もしかしたら別れがくるかもしれない、だから、そのことも肝《きも》に銘《めい》じつつ交際をしていたといいます。

というのは、よく「みこころの人と出会いました！」と報告にくる方がいますが、その後「やっぱりみこころの人ではありませんでした！」と別れるケースも多々あるのです。神様のみこころは、そのようにころころ変わるものではありません。振り返ってみてわかるものです。

夫にも私にも、二人が交際する前にお付き合いしていた人がいましたし、それぞれに「この人と結婚するだろう」と思っていました。しかし、結局はそれぞれに別れを経験し、その後、夫と私が結婚しました。振り返ってみれば、そのすべてが神様のみこころだったのだと思います。

また、「みこころの時」についてですが、お互いの心が結婚に対して整えられるとともに、周りの環境も整えられていくのが「時」だと思います。

結婚に導かれる時は、それまで障壁と思われていたものも見事に取り去られ、神様がひとすじの道を造ってくださったと思えるほどに、環境が整えられるという経験をしました。自分の時だけではなく、何件もそういうケースを見てきました。

大切なのは、常に祈りつつ、結婚に導かれるその「時」を受け止める信仰の決断ではないでしょうか。

結婚する人との出会いや結婚する時のためにも、よく祈って、神様からの答えをしっかり受け止める信仰の姿勢が問われているように思います。

Q 結婚相手はどこで探せばいいのでしょうか？

学生時代に超教派団体の交わりの中にいると、同世代のクリスチャンと出会うチャンスはたくさんあると思いますが、就職後は、クリスチャンとの結婚を願っていてもなかなか出会いが与えられない、という声をよく聞きます。学生伝道団体の主事をしている夫は最近、「学生が大学四年生になったら、具体的に結婚を祈りはじめ、結婚相手と出会っておくのがいい」とアドバイスしていると言っていました。

所属教団の青年キャンプなどに積極的に参加する中で、結婚相手と出会ったという方もたくさん知っています。キャンプの奉仕をする中で知り合い、結婚に導かれたカップルの証人をしたことがあります。男性から「結婚相手にはどこで出会えばいいでしょうか」と質問された時、夫は「青年キャンプに行くのがいい。奉仕をしたらいい」とアドバイスしました。見事、彼は結婚相手と出会いました。

また、今まで出会った、知り合った方の中に結婚相手がいるということも多々あります。教会の中で友達だった身近な人と結婚した、という話もありました。自分で限定せずに、祈る中で導かれた出会いを大切にしてください。

　そして紹介制度、お見合いという制度も実におすすめです。自分のこと、また相手のことをよく祈り、考えてくださっている牧師や先輩から紹介された方との出会いで、良き結婚に導かれた方も大勢知っています。教団によっては、結婚委員会など、結婚のお世話をしてくれる会があるところもあります。積極的に活用してみてはいかがでしょうか。

Q 人を好きになるという気持ちがわかりません。周りは彼氏や彼女がいるのに、私だけおかしいのでしょうか?

これは学生の方からよくある質問です。全然おかしくありません。聖書の中には、「揺り起こしたり、かき立てたりしないでください。愛が目ざめたいと思うときまでは」(雅歌2章7節)ということばがあります。

人を好きになる気持ちも、神様が与えてくださるものだと思います。

私の知り合いの女性ですが、大学生の間は勉強に集中したいから、誰かから声がかかっても交際しない、と決めていた方がいました。彼女はしっかり勉強して、大学卒業後に結婚しました。また、男性の方でも同じように考えている方もいました。彼も卒業後、良い出会いが与えられ、結婚に向けて準備をしています。

人生のその時その時で、勉強や部活に集中したい、仕事、趣味、友情を大切にしたい、と考えて行動することもとても素晴らしいことだと思います。そして、一番大事なのは、どのような時も神様を第一にしていく姿勢だと思います。

Q 結婚するまでにしておいて良かったことはありますか？

第一に信仰の確立です。まず自分自身が神様の前に整えられることが必要ではないでしょうか。聖書を読み、祈り、教会の交わりの中で成長する。奉仕の中で整えられることです。神様を第一に求めていく時に、それに加えて、すべてのものが与えられます。

第二に祈りです。結婚のために自分で祈ることも大切ですが、誰かに祈ってもらうことも同じように大切だと思います。同性の「祈りの友」が与えられることを願いましょう。祈ること、祈ってもらうことは大きな力です。私も結婚のためによく祈っていただきました。その祈りの交わりは、結婚後も続いています。私の結婚のために祈ってくださった方は、今でも毎日私の家族のために祈ってくださっています。どんなに大きな助けでしょうか。

第三に学びです。結婚に関する集会や分科会で結婚の学びをすることは有益です。

その時はわからなくても、聞いていたことばがあとでわかるようになる、ということもたくさんあります。私が学生の時、恋愛・結婚の分科会に出席した時に語られた先輩クリスチャンたちのことばは、今でも心に残っています。結婚に関する本を自分で読んだり、友達と読書会をしたりするのもおすすめです。結婚前から結婚について学び続けることはとても大切です。

また、実際に交際している方へのアドバイスは次の通りです。

第一に神様を中心にした二人の交わりです。ともに聖書を読み、ディボーションの分かち合いをすることがおすすめです。遠距離恋愛をしていたあるカップルは、毎日同じディボーションテキストを使って、四年間(!)の遠距離交際が深められたということです。この二人は結婚しても、家庭礼拝はばっちりでしょう。

私たち夫婦も半年間、埼玉と京都で遠距離恋愛をしていましたが、電話で話した時は必ず最後に一緒に祈るというように決めていました。

第二に二人で結婚のための学びをすることです。私たち夫婦は交際中、ともに同じ信仰書を読んできて、デートの時に分かち合いをすることにしていました。感動したところに線を引いてきて、感想を言い合うということもしていました。お互いの考え方の違いを知ることができて、とても良かったです。また、デートのたびに二人で結婚の学びをすることができたのも良き備えでした。

第三に交わりの中で相手を知ることです。二人きりになるとどうしても誘惑が多いものです。しかし、教会や青年会、奉仕の場所など共同体の中で交わりをすると、二人だけの時とは違う相手の一面を知ることができます。また、尊敬する信仰の先輩のお宅によく二人で行かせていただき、実際の家庭を見ることができたのも感謝でした。「私たちは結婚したらこういうところを採り入れたいね」など、結婚に向けて具体的な話をすることができました。

Q 交際中、性的な関係についてどのように考えたら良いのでしょうか？

「産後クライシス――夫婦の危機」にも書きましたが、聖書においては結婚という関係の中でのみ、男女の肉体的関係が許されています。夫婦における性的な関係は、聖書では「知る」と表現されます。とても人格的なもので、相手を知るために神様が与えてくださった、きよく美しいものです。結婚という安心と信頼のある関係の中でお互いを知り合い、愛し合うことは素晴らしい祝福です。

しかし、結婚外での男女の性的関係は許されていません。特に性に関して罪を犯してしまう時、精神的にも霊的にもダメージを受け、相手にも深く傷をつけることとなります。何より神様の前に罪を犯すこととなりますし、自分自身を赦《ゆる》せずに、教会から離れていったり、自らを責め続けて苦しくなったりします。神様の与えてくださる祝福のために、結婚する時まで、自らをきよく保っていただきたいと思います。

Q 結婚前に持った性的な体験や、つらい過去の出来事など、結婚する時にすべて相手に話したほうが良いのでしょうか？

「全部話さないと愛ではない」「すべてを受け入れたいからすべて話して」と無理《むり》強《じ》いすることは愛でしょうか。逆に自分の感情だけで話し、相手を傷つけてしまうこともあるでしょう。神様の前で悔い改める時、結婚外の性的な罪も赦され、新しく生きなおすことができます。二人の関係をより良く保つ方向を考えてください。

また過去の出来事で、つらすぎて話せないこともあるでしょう。私にも夫に十年以上話せないつらい出来事がありました。しかし、結婚生活という愛と信頼と安定した関係の中で、主によってその傷がいやされた時に、話せるようになったということがありました。いやされるのに時間がかかる体験もあります。二人の間で大事なのは「自由」です。相手を縛ったり、不自由にさせるのは愛ではありません。あなたがあなたらしく、相手が相手らしくいられるような助け手となりたいものです。

Q 彼の「愛されことば」が、自分の「悲しみことば」だった場合はどうしたらいいですか？

「愛されことば」は一つではないので、ほかの「愛されことば」をもって彼を愛するという方法はどうでしょうか。

大事なのは、「愛」が「束縛」になっていないかということだと思います。「自分はこうしてもらうと、愛されていると感じるから、そうするべきだ」と迫るのは、果たして愛なのかどうか。相手がそうできる時まで、じっくりと二人の関係を深めるという関係性のほうが大事ではないでしょうか。

気をつけなければならないのは、私たちは罪人なので、どうしても「愛されことば」にも不健全な「自己中心の愛」「束縛」が混ざってしまうことです。

一方、「悲しみことば」にも「過去の傷」「苦々しい思い」「赦せない思い」などが混ざってくることがあります。ですから、二人だけで分かち合うことも大事ですが、第三者の、特に信頼できるクリスチャンカップルと四人で、互いの「愛されことば」「悲しみことば」を分かち合うことです。
感情的になったり、自己中心になったりすることから守られると思います。

Q 夫は片づけが下手で、食べたら食べっぱなし、脱いだら脱ぎっぱなし。私はいつも、そんな姿にいらいらしてしまいます。どうしたら直るのでしょうか？

これはよくわかります！　以前、婦人たちの学びの場で新婚の奥様が同じ質問をなさった時、婦人たちは皆、「うちも同じだわ」「何年経っても直らない」とため息をついていました。わが家の夫も同じです。
さて、その婦人の学びの場で、子育てについての読書会をした時、クリスチャンの児童精神科医の方がこんなことを本の中で書いておられました。

「依頼心《いらいしん》が大きくなって、自立しないなどということはないですから、心配はいらないのです。弱点や欠点をむりしてカバーするような訓練をする必要なんかなくて、弱点は弱点のまま残しておいて、親や兄弟や友人に手伝ってもらって、カバーしてもらえばいいのです。

それから、かならず弱点や欠点は、そういうことをカバーし合える配偶者を、自然に求めるだろうと思います。どうしても必要なものなら、自然にそういうものは与えられると思いますね」(『子どもへのまなざし』佐々木正美著 福音館書店 一九九八年 76、77頁)

夫ではなく、子どもが整理整頓が苦手という場合でしたが、片付けが苦手な子は母親がやってあげる、そのかわり、そういう子は親の手伝いが上手だ、大切なことは、友人や家族とお互いに欠点や弱点をカバーし合って、助け合って生きていく力を育てることだ、という内容でした。

その本を読んで、胸のつかえがすっとおりたような気がしました。私には私の弱点や欠点がたくさんあり、夫によってカバーされている、だから私も彼の片付けという弱点を補えばいいのだと。私も偉そうに夫に注意することはできないな、と思いました。

そして、食べっぱなし、脱ぎっぱなしの姿にいらいらし、がみがみ怒るよりも、黙って服や食器を片付けて、自分が気持ちよくなったほうが得だと思いました。

感情的になることもありますが、その時はこの本の話を思い出すようにしています。すると、夫も「引き出しの中を片付けてくれてありがとう。愛を感じるなあ」と感謝のことばを言うようになりました。お互いに相手にしてもらっていることを感謝し合える関係は素敵です。

もちろん、夫側もそのままでいいというのではありません。お互いに気持ち良く生活できるように歩み寄ることも必要です。夫が片付けをしやすいような収納の方法を工夫することで改善することもあるでしょう。

相手を変えようとするのは難しいので、自分の心の持ち方をまず変えてみることが大切ではないでしょうか。その上で、「どのような収納にしたら使いやすい？」などと、夫の協力を得やすいアプローチをするのはどうでしょうか。

Q 妻は感情的になりやすく、どう対応したらよいかわかりません。感情的に責めたてられた時、どうしたらよいでしょうか？

この質問も、夫側からよくある質問です。そして、わが家にもよくあてはまる問題です。何組かの夫婦にも同じような相談を受けましたが、よく聞いてみると、妻の月経の周期に関連して夫婦げんかが起こりやすいということが多々あるようです。「相手に願っていることは?」も参考にしてみてください。

私たち夫婦もずっとこの問題で悩んできました。あるセミナーの準備をしていた時のことです。夫が男性の集会、私が女性の集会のため、それぞれ講演原稿を書いていました。創世記の男女の創造の場面がテキストでした。その時に夫が、こう言ったのです。「『みごもりの苦しみを大いに増す』（創世記3章16節／聖書新改訳第二版）とあるけれど、『みごもりの苦しみ』は、出産時の肉体の苦しみだけではないと思う。出産に関わる月経前の肉体的精神的つらさや痛み、女性ホルモンの変化によるものも含まれるよね」。そのことばに非常に慰められたのと同時に、「この人は私のことをわかってくれている」という安心感に包まれました。個人差はありますが、月経前になると、多かれ少なかれ女性ホルモンの影響で、怒りやすくなったり、涙もろくなったり、感情的になったりします。そのような状態に理解を示してくれるだけで、女性はたいへん助かるのです。夫が妻をいたわり、「休んできたら?」「この時期は家事はある程度は手を抜いて。俺もやるからさ。それよりよく睡眠と栄養をとったらいいよ」と声をかけてもらったら、どれだけうれしいことでしょう。

もちろん、妻側も「この時期だからしょうがないでしょ!」と開き直って感情のままに動くのはよくないのです。どうしたら自分が楽になり、回復するのかを知って、努力することも必要です。私の場合、感情的な状態から回復するために必要なことは、眠ることです。「少し眠ってきたら、元気になれると思う」と、できる限りこの時、おだやかに言うことも努力のいることです。

「夫婦げんかに名前をつける」にも書きましたが、けんかになりやすいきっかけパターンを回避するのも非常に大切です。

Q 夫婦でよく話し合っても行き詰まってしまうテーマについてですが、どうしても意見がかみ合わない場合、最終的にはどうすればいいのでしょうか？

よくよく夫婦で話し合っても、解決にかなり長い時間がかかる案件もあると思います。その場合、「どうしても行き詰まってしまう問題」でも書きましたが、夫婦の間に第三者に入ってもらうと、不思議に解決に導かれるということもあります。

私たち夫婦の場合も十年ものの未解決案件が、ほんの数十分で話がまとまったという奇跡《きせき》のような経験がありました。どうしても二人で解決できない問題には、結婚の時の証人《しょうにん》や牧師夫妻や先輩夫婦などの意見も採り入れつつ、冷静な話し合いの場で意見を交えるのが有益です。そして、定期的にこのような話し合いの場を持つと、夫婦の絆がぐっと強まると思います。

また、どうしても意見のすれ違いがある場合ですが、わが家の場合だけでなく、聖書を見ると、すべての夫婦においては、「妻が夫に従う」ということが原則だと思います（エペソ人への手紙5章24節参照）。そのためには、「従われやすい夫」になるということも大変重要です。夫はよく妻の意見をくみ、ねぎらい、妻が自分に従いやすいように自らも整えていく必要があるでしょう。

妻は夫を立て、夫に従ってみてください。あふれるばかりの主の恵みと祝福が夫婦のうちにあることでしょう。そして従う妻を夫はいたわり、愛してくれることと思います。お互いに「従われやすい夫」、「愛されやすい妻」になることが夫婦円満の鍵ではないでしょうか。

どちらかが、いつも一方的に我慢して自分の意見を呑み込む、というのも健全な夫婦ではありません。自らを変えていただくことも祈りつつ、よく話し合うことをおすすめします。

エピローグ　大きな愛の中で

本書は、月刊「いのちのことば」（いのちのことば社）で一年半連載した「わが家の小さな食卓から」に加筆修正し、さらに書き下ろし原稿を加えたものです。

すべては一本の電話から始まりました。二〇一三年の秋のことでした。以前、夫の本（『おかんとボクの信仰継承』大嶋重徳《しげのり》著　いのちのことば社）を手がけてくださった編集者から私あてに連絡が。「ご主人とされている結婚の学びやセミナーのようすを、月刊誌で連載してみませんか？」――良いお話だと思いましたが、とても迷いました。

私は結婚前から編集や校正の仕事を続けていましたが、文章を書くことには苦手意識がありました。さらに、本文中にも書きましたが、締め切りが大の苦手で、プレッシャーがかかると、悪夢を見てうなされてしまうのです。現に本書の書籍化の締め切り前は、夜中にかなりうわごとを言っていたと、家族の証言が多発しました。

また、電話をくださった編集者はいろいろとお気遣いくださいました。「お子さんたちは大丈夫でしょうか。連載されるとなると、お母さんの名前が出ることをお子さんたちが嫌がられることもあるので、ご家族で話し合ってみてください」

早速、子どもたちに話してみました。すると、「え？　僕たちがお母さんのお仕事に反対すると思ったの？　書いてみたらいいよ」と、当時小学五年生の息子と中学一年生の娘に背中を押され、夫も満面の笑みで「応援するよ」と大賛成。しばらくの間お祈りし、お話を受けることにしました。

緊張気味に書き出した原稿でしたが、いざ書き始めると、あれも書きたい、これも書きたい、と連載は一年半続きました。

結婚セミナーのご奉仕先で、「連載、楽しみに読んでいます」「教会の結婚カウンセリング講座で使用しています」などと声をかけていただき、とても励まされました。こうして、夫婦でしていた結婚の学びを一冊にまとめることができ、大変うれしく思います。

月刊「いのちのことば」で連載を担当してくださり、また書籍化のためにお世話になった、いのちのことば社の永倉恵子さん、素敵なイラストを描いてくださったやまはなのりゆきさんに心から感謝します。

私たち夫婦とともに結婚の学びをしてくださった先輩、後輩カップルの方々、いつも励まし、支えてくださるかけがえのない祈りの友たち、祈り励ましてくれたわが家の子どもたち、実家の実情をさらけ出すことにも協力してくれた夫と私の両親、兄弟たちに、心から感謝します。

そして家事を快く手伝い、原稿のチェックもしてくれた子どもたちの良き父。主にある結婚の奥深さと素晴らしさを教えてくれた夫に、とりわけ心からの感謝を伝えたいと思います。

二〇一五年　桜の美しい季節に

大嶋裕香

大嶋裕香（おおしま　ゆか）

1973年東京都生まれ。上智大学文学部卒業。キリスト教雑誌、翻訳絵本の編集、校閲などを手がける。結婚、家庭、子育てセミナーなどの講演、執筆活動をしている。一男一女の母親。川口市主任児童委員。

著書に『祈り合う家族になるために――家庭礼拝のススメ』（いのちのことば社、2017年）、『神に愛された女性たち――西洋名画と読む聖書』（教文館、2018年）、『絵本へのとびら』（教文館、2020年）がある。

愛し合う二人のための結婚講座
――わが家の小さな食卓から

2015年6月1日発行
2021年10月1日5刷

著　者　大嶋裕香

印刷製本　モリモト印刷株式会社

発　行　いのちのことば社
〒164-0001 東京都中野区中野2-1-5
電話 03-5341-6923（編集）
03-5341-6920（営業）
FAX 03-5341-6921
e-mail:support@wlpm.or.jp
http://www.wlpm.or.jp/

ISBN 978-4-264-03349-3